脑尖

改变一生的 80 堂思维课

岑嵘 著

上海文艺出版社

图书在版编目(CIP)数据

脑尖:改变一生的80堂思维课 / 岑嵘著. -- 上海:上海文艺出版社,2021
ISBN 978-7-5321-7621-2

Ⅰ.①脑… Ⅱ.①岑… Ⅲ.①经济学－随笔－文集Ⅳ.①F0-53

中国版本图书馆CIP数据核字(2020)第054107号

发 行 人：毕　胜
责任编辑：崔　莉
主　　编：顾　平　杜普洲
丛书策划：蔡　燕
策划编辑：许树平
特约编辑：董　腾
封面设计：资　源
美术编辑：岳红波

书　　名：脑尖：改变一生的80堂思维课
作　　者：岑　嵘
出　　版：上海世纪出版集团　上海文艺出版社
地　　址：上海绍兴路7号　200020
发　　行：上海文艺出版社发行中心发行
　　　　　上海市绍兴路50号　200020　www.ewen.co
印　　刷：天津中印联印务有限公司
开　　本：880mm×1230mm　1/32
印　　张：8
字　　数：150,000
印　　次：2021年1月第1版　2021年1月第1次印刷
ＩＳＢＮ：978-7-5321-7621-2/F·013
定　　价：39.80元
告 读 者：如发现本书有质量问题请与印刷厂质量科联系

·序言·

用"脑尖"观察世界

岑嵘

我们正处在一个大加速的时代,一方面我们接收到大量的信息,但在过载的信息量面前我们无暇深入思考;另一方面,信息的快速更新带给我们知识的焦虑,这也使得"贩卖焦虑"在今天大行其道。

我们都迫切需要用一种理性的工具来提升我们的认知,来观察这个形形色色的社会,来梳理纷繁的信息找到其中的规律,来理解很多我们看似不可思议的事情。

这种工具就是经济思维学。

本书中不会出现任何函数、表格和公式,但是它一定比经济学教科书更通俗和更有趣;我会尽量绕开繁琐的理论、高深的术语,让任何一个普通读者都能明白:思维真的可以解决他们遇到的任何现实问题。

从日常生活，到婚姻、职场，从体育比赛到投资理财，本书所要表达的思想和真相很可能颠覆你的日常认知，比如——

懊悔并不是一种真实存在的情绪，它只取决于你的想象和对事物的比较；

尽快回报他人并非如你想象的是一种美德，它很可能出于一种自私；

人人都想有个"马云爸爸"，事实上这种快乐并没有你想象的那么重要；

本书的名字是《脑尖：改变一生的80堂思维课》，"脑尖"的意思就是思维的最顶端。掌握了经济思维学，就是掌握了解决问题的关键性方法。

在股市中我们总是不愿意抛掉亏损的股票，这究竟出于什么原因？

球场上的裁判为什么总是偏心主队？

网络上认识的夫妇离婚率会比线下认识的夫妇离婚率更高吗？

凡此种种，这些看似复杂的问题通常都有一个简单的答案。

在今天，经济思维学正在同各门学科互相打通，成为一门开放性的前沿科学（诺贝尔经济学奖多次颁给了心理学家、数学家），因此，本书所涉及的，不止是传统意义上的宏观经济学或者微观经济学，更融合了行为经济学、心理学、神经学、博弈学、统计学和大数据等各门学科的最新研究。

阅读本书，也将成为一场知识和理性的探险之旅。学会用"脑尖"观察世界，世界将呈现给你完全不同的另一面。

脑尖：改变一生的80堂思维课

目录

壹 细节改变生活

懊悔是一种想象	003
人人都是诸葛亮	006
被胜利冲昏的头脑	009
尽快回报他人是一种自私	012
性格和寄生虫	015
让别人看到你的努力	018
人类为什么离不开八卦	021
我们满满的自信从哪里来	024
直觉究竟是怎么来的	027
从众不是个好主意	030
谁更喜欢展示自己的头衔	032
关节痛和天气变化有关吗	034
好运气会用完吗	037
重要的是你怎么做	040
错误的结论是怎么来的	043
有个"马云爸爸"我们会更快乐吗	046
清洁空气的成本和收益	049
美国人为什么喜欢超级英雄	052
我们需要"脱线先生"	055

贰 技巧即是财富

我们为何不愿抛掉亏损的股票	059
只有云知道	062
当人人都在谈论房价时	065
股民为什么会如此健忘	068
被统计学家玩坏的彩票	071
股市真的有黄道吉日吗	074
股市"赏恶罚善令"	077
史上最牛的投资团队能赚到钱吗	080
金融市场中迷信有道理吗	083
炒股能听专家的话吗	086
哈利·波特一家是怎么理财的	089
太太们的理财风险偏好	092
"外来的和尚"为何更好念经	095
打破"女性的天花板"	098
钱多活少路近,你该怎么选	101
福尔摩斯与金融危机	105
休学创业是理性行为吗	109

叁 结果来自选择

有趣的灵魂怎样脱颖而出	115
网络时代的爱情	118
"柠檬男"的故事	121
手撕前任的经济学指南	124
姑娘为什么会爱上霸道总裁	127
在电视相亲节目中该站多久	130

明星婚姻经济学	133
找个胖子做老公	136
体育比赛中存在"势头"吗	139
"冰镇"一下对手有用吗	142
为了凑整而疯狂	145
转会投手受伤之谜	148
足球的颜色和球员的收入	151
球探们就要失业了吗	154
奔跑吧，迪马乔	157
体育比赛中的迷信是怎么来的	160

肆 思维决定处境

岳不群的杠杆投资	165
江湖人物为什么要"金盆洗手"	168
郭靖夫妇为什么没能守住襄阳	171
改投师门为何是武林大忌	175
大侠们的"钱包"	178
降龙十八掌和SUV有什么关系	181
武林高手该在什么时候出手	184
令狐冲的池塘和大海	187
被专利耽误的瓦特	190
多面手笛福	193
手机为什么让人停不下来	196
原始部落里的"经济人"	199
关于总统的经济学笑话	202
经济学教授的赌场	205

伍 智慧赢得未来

人生转折点这回事	209
幸福的均衡器	212
游泳馆为何周一人最多	215
一对藤椅	218
职场上人们为何不愿说真话	221
我们的饭碗明天还在吗	224
迷惘的分工	227
来自《体育画报》的封面诅咒	230
点球应该扑向哪一边	233
不懂经济学的才子不是好作家	236
犹太人在操控世界金融吗	238
克林顿的经济学错误	241
狄更斯的穷人经济学	244
为什么来得快的钱去得也快	246

壹

细节改变生活

壹 | 细节改变生活

懊悔是一种想象

我住的小区班车很少，错过一辆常常要等上半天，尽管我已经习惯这种状况，但是仍有一种情形会让我感到懊悔，那就是眼瞅着前一辆班车从眼前开走而没能赶上。那时我会想：要是早出门几分钟就好了；刚刚没停下来买矿泉水就好了……

同样的事情有很多，比如我们晚了半小时赶到长途车站，汽车开走了，这让我们有点失望，但是当你在候车处打听到，那班车晚点了20几分钟刚刚开走，你则会感到十分懊悔：要是出租车没走这条堵车的路就好了；要是会议早结束10分钟就好了……

行为经济学的两位开拓者丹尼尔·卡尼曼和阿莫斯·特沃斯基关于懊悔做过这样一个实验。他们让被试者想象这样一个场景：你买了一张彩票，大奖是一大笔钱，彩票是你随机抽取的。接下来结果揭晓，赢得大奖的彩票号码是107359。

被试者分成两组，一组被告知手中的号码是207359，另一组被告知是618379。他们被要求用数字1到20来评定自己的不开心指数。相较而言，前面一组被试者反馈的不开心指数要高于第二组。这也印证了丹尼尔和阿莫斯的猜测——中奖彩票的号码与被试者手中的号码差距越大，被试者产生的懊悔心理就越小。

"当人们手中的号码与中奖号码近似时，他们会毫无道理地认为自己差一点就中大奖了。"丹尼尔说，"总体看来，人们从同一事件中感受到的痛苦有极大的差异，这种差异取决于人们是否能轻易地展开与事实相反的想象。"

当你在一家超市的收款台前排队结账，轮到你付款的时候，收银员告诉你："您真幸运，您是本店第10万名顾客，可以获得2000元奖金。"再假设另一种情形：你在另一家超市的收款台前排队结账，排在你前面的那个人正好是该店第100万名顾客，他获得了2万元奖金，而你因为排在那个人后面，也获得了3000元的奖金。试想一下，哪种情形你会比较开心？答案当然是前者，因为后一种情况你会展开联想：要是自己早一步排队就好了……

当我们在重要的比赛中获得铜牌，我们会为自己站在领奖台而感到高兴，但是如果获得的是银牌，则可能感到无比懊悔，我们此刻会展开各种想象——要是刚才的发球没有出界就好了；要是最后一个赛点把握住就好了……

美国喜剧《宋飞传》里有这样一段台词："如果我是个奥运选手……得到铜牌，我会庆幸，至少我赢得了奖牌。银牌是什么？银牌意味着'恭喜你，你差点就赢得了一切了'。或者银牌意味着，在所有的失败者当中，你排名第一，你是头号失败者。"荷兰学者阿德里安·卡尔维发现，银牌选手往往会受困于"如果……如果"这样的想象中，这对他们的精神状态、生活质量以及身体健康形成了诸多困扰。卡尔维把这项研究发表在了荷兰期刊《经济学和人类生物学》中。

丹尼尔和阿莫斯后来创建了"后悔理论"，这个理论揭示了后悔与"靠近程度"的密切关系：越是靠近目标，你就越有可能在达不到目标时感到后悔。事实上，彩票和大奖相差一个数字或者6个数字并没有区别，没赶上的车跟它啥时候开走也没有关系，但是人们总忍不住会展开想象，想象的内容越丰富、越确切，人们则越会感到懊悔。

人人都是诸葛亮

读书的时候,有一件事情让我感到很困惑。每当我们班上考试考砸了,在全年级垫底的时候,我们的老师总会说,他早就料到会发生今天这一切,我们这种学习态度迟早会出现问题的……于是我想,他发现问题时干吗不早早纠正?

在我成年以后,发现这种现象比比皆是:当股市出现大跌,收盘后总会有很多股票分析师告诉你,今天的大跌早在他的预料之中,他很早之前就提醒过股民;当一场体育比赛出现了意想不到的结局,体育评论员总能自圆其说,告诉观众场上的结局正在他的预料之中……

2003年5月,芝加哥决策研究中心的行为经济学家奚恺元做过一个调查,他问被试者中国能不能在一年之内控制住SARS。当时大多数被调查的人回答说:SARS不能在一年中被控制住。当SARS过去以后，奚恺元以同样的问题问同样的人，然而答案让人吃惊，他们普遍回答：当然可以，我当时就觉得SARS肯定可以在一年以内被控制住的。

1972年，理查德·尼克松总统宣布出访中国和苏联，希伯来大学的巴鲁克·菲施霍夫设计了15种结果的可能性让别人评估，比如美国会在外交上承认中国吗？美苏会联手开发太空项目吗？中国领导人会同意和尼克松会面吗？

当尼克松访问结束后，菲施霍夫再一次找到这些曾接受测试的人们，请他们回忆一下当初对各种问题做出的概率判断。结果发现，人们的记忆出现了严重的偏差，每个人都认为自己曾经对真实发生的事件做出过极其准确的判断。菲施霍夫把这种现象命名为"后视偏见"。

为什么人人都喜欢成为"事后诸葛亮"？诺贝尔经济学奖获得者丹尼尔·卡尼曼说："当一件不可预知的事情发生时，我们会立即调整自己的世界观以适应这种意外。试想自己正在看一场足球赛，比赛双方势均力敌，当比赛结束时，其中一方击败了另一方，在你修正过的世界观里，赢得比赛的球队比输掉的球队更加强大……一旦接受一种新的世界观，你就会立即丧失很大一部分回忆能力，无法回想起自己观点改变之前的那些想法。"

2008年出现全球金融海啸，事后很多学者站出来说，他早就预知到这场危机是不可避免的，事实上，当时并没有人明确提出警告。女王伊丽莎白二世在2008年11月莅临伦敦政治经济学院时,就向经济学家提出过一个尖锐的问题:为什么没有人看到危机正在来临?

很多时候我们都无法预料接下来会发生什么,但是当事情发生时,我们又表现得好像一切都在预料之中(我早知道她会离开我;我早知道这只股票不行;我早知道你的方法行不通……),因为我们相信,这个世界并不是一个充满不确定性的世界,所有的结局都是可以预料的。想想书店里的历史畅销书,无不是凭借着历史的碎片,对历史事件的前因后果做出解释,仿佛历史是完全可以预测的。

因此,当我们心里冒出"我早就知道……"这个念头的时候,我们最好再冷静反省一下,我们不是诸葛亮,而是普通人。很多事情,我们从有限的信息无法做出正确的判断,这再正常不过。而"事后诸葛亮"的危害,让人总在事发后觉得自己当时的预测是对的,因此很难从经验中学习;同时它让人们觉得自己早就正确预测事情的发生(错误都是别人的),因此难以用公平的眼光评判他人。

壹 | 细节改变生活

被胜利冲昏的头脑

在古罗马，将军打了胜仗会在市中心举行盛大的游行，市民则夹道欢迎。但是古罗马人很聪明，为了防止将军被胜利冲昏头脑，在游行时将军所坐的战车中会有一个奴隶，这个奴隶的任务就是在将军耳边提醒："记住，你只是一个人，不是上帝。"奴隶的手中还会拿一个头盖骨，也就是所谓的死亡象征，提醒将军不过是凡人，自己的命运也难逃一死。

我们没有机会带兵打仗，但是同样会被胜利冲昏头脑。在2015年上半年的大牛市中，我坐在公交车上，看到每个买菜或健身回来的大伯大妈都在兴高采烈地谈论着自己赚了多少钱，彼此推荐着所谓的"牛股"，他们对眼前的危机视而不见。这个时候，我就想起这个古罗马的故事。

被胜利冲昏的头脑究竟是一个怎么样的头脑？在其中发生

了什么微妙的变化呢?

研究动物的生物学家发现,动物一旦赢得了某一场地盘之争,赢得下一场地盘之争的概率就会上升,很多物种都存在这样的现象,也就是一场胜利本身可能带来另一场胜利。

科学家把这种现象称为"胜利者效应",他们对此这样解释:两只雄性动物打斗时,体内的睾丸素含量会显著上升。睾丸素的作用是让雄性动物做好打斗的准备,比如加速身体的反应,使视觉更敏锐,肌肉更有力量,同时拥有无所畏惧的心态。当打斗结束后,获胜的动物体内睾丸素含量更高,而失利的一方体内睾丸素含量则显著下降。一项研究显示,猕猴族群在为地位而打斗之后,胜利者体内的睾丸素含量上升了十倍,而失败者则降低到基准水平的十分之一。

胜利者扬扬得意,进入下一场打斗中,含量高的睾丸素会帮助其获取下一场胜利。获胜的动物会进入积极的回馈机制中:胜利导致睾丸素含量上升,睾丸素含量的上升帮助动物获取下一场胜利。在冰球比赛中,教练员会给运动员播放前一场胜利的视频回放以提高队员体内睾丸素的含量,从而在下一场比赛中更有可能获胜。

在金融市场胜利者效应同样存在,但是它很容易带来灾难。以2015年的牛市为例,当我们处在股市的上升期,我们会经历早期的兴奋和激动(还记得那时自己逢人就谈股票的光景吗),随着几万十几万的账面收益出现,我们开始对自己的能力深信不疑（自己选股好像是有两把刷子），随着睾丸素的进一步上升，根据胜利者效应的模式，当我们每做一笔赚钱的交易后，体内的睾丸素就会上升，对自己会更加自信，会更加愿意承担风险加大投入。

在牛市中，下一轮交易通常也是赚钱的，我们睾丸素的含量会进一步上升，直到临界点。这时我们的自信转化为自负，我们会误以为自己是股神，对风险的提醒置若罔闻，交易的数额会大到失去理智，很多人甚至通过杠杆来交易，其风险已经远远超过其能承受的范围。

睾丸素本身不会创造牛市，是新技术的突破和经济的繁荣才创造牛市。但是睾丸素是催化剂，让牛市最终演变成泡沫。在泡沫时期，投资者的头脑被胜利冲昏，他们失去理智的思考能力，任何消息都会变成利好消息：人民币升值意味着国外投资者看好国内的资产，因此股价会上升；人民币贬值意味着出口改善，因此股价也会上升……

2015年6月12日，股价达到5178点，形势忽然急转直下，这个时候胜利者效应的另一面显现出来，人们在遇到挫折后会极度厌恶风险，他们像是被斗败的公鸡变得非理性的悲观，一再的失利进一步放大这种悲观，对放在眼前的机会视而不见，人们争相踩踏逃命，牛市最终转化成股灾。

尽快回报他人是一种自私

战国时期，聂政因杀人避仇，与母亲、姐姐到齐国来，以屠宰为职业。韩国大夫严仲子听说聂政是个勇士，为逃避仇人才隐藏在屠夫的行业里，于是他来到聂家拜访求见，经过好几次的往返终于见到聂政，严仲子备了酒食，亲自送到聂政母亲面前。等到大家喝到尽兴时，严仲子又捧出黄金一百镒，上前孝敬聂政的母亲。

很多年后，聂政的母亲去世，又过了三年丧服期满聂政才说："我不过是平民百姓，拿着刀杀猪宰狗，而严仲子是诸侯的卿相，却不远千里，委屈身份和我结交。我待人家的情谊太浅薄、太微不足道了，没有什么大的功劳可以和他对我的恩情相抵，而严仲子献上百金，这个恩我一定要报。"这才有了《史记·刺客列传》中聂政刺杀严仲子的仇人韩相侠累的故事。

在现实生活中，我们也会得到很多别人的恩惠，受到别人的照顾，虽然我们用不着像聂政一样去舍命报恩，可是我们究竟该怎么样报答对方，我们的报恩行为又隐含着怎样的动机呢？

很多人会选择立刻回馈和报答对方，你今天送我一条丝巾，我明天就回赠你一条领带；你今天帮我修了车，我明天会请你吃饭；你帮我介绍了份工作，我用工作的第一个月工资精心帮你买份礼物……来而不往非礼也，这在我们日常生活中再正常不过了，不过经济学家不这么看。

耶路撒冷希伯来大学理性研究中心经济学教授艾亚尔·温特说："在个人层面，朋友间的关系往往非常注重对金钱等方面的恩惠斤斤计较，所有人都要尽快报答恩情，在多数情况下，这并非因为真心想做慷慨的人，恰恰相反，实际上这是一种自私的特征。"

温特为什么这么说呢？我们先来看一个实验。幼儿园的家长接孩子常常会因为各种原因晚点，老师因此得延迟下班。美国加州大学圣迭戈分校经济学教授尤里·格尼茨和美国芝加哥大学的约翰·李斯特设计了一个实验，他们对以色列的10家幼儿园进行了为期20周的研究，并选取了其中6家实施了罚款措施，所有迟到超过10分钟的家长一律缴纳3美元的罚款。研究的结果是，在实施了罚款措施的幼儿园中，家长迟到的次数显著增多，即使在这些幼儿园取消了罚款措施以后，这6家幼儿园的家长迟到概率仍高于从未实施过罚款的幼儿园。

对亏欠他人的行为（老师们付出额外的劳动）处以罚金，实际上可能减少我们原本所感到的心里不安。因此，付了钱的家长不再觉得亏欠老师什么。

金钱诱因降低了我们的心理积极性。比如当好心人救了落水儿童，孩子的父母拿出重金感谢救人者；医生妙手回春救了你的亲人，你偷偷地往医生抽屉里塞了大红包。这些原本我们要感谢一生的人，很可能因为金钱的付出而弱化了这种恩情。

因此，接受恩惠的人尽快偿清积累起来的"人情债"，甚至不惜破坏恩惠施与者从这种行为中获得的满足感，这是一种自私的特征。立马回报别人的动机常常不是因为感恩，而是不愿亏欠别人。

很多年以后，聂政才用性命报答了严仲子的恩情。所以真正的报恩并不急于一时。

性格和寄生虫

你性格有点内向害羞，不太愿意和陌生人打交道，当你看到那些性格外向、广交朋友和陌生人能自来熟的人时不免有点羡慕。可是你知道究竟是什么使得你们之间性格会如此不同吗？

一项由新墨西哥大学的生物学家寇瑞·芬奇和兰迪·桑希尔，不列颠哥伦比亚大学的马克·沙勒和戴米恩·穆瑞领导的团队研究发现，性格最初的形成原来和寄生虫有关。

这支科学团队的推理是这样的：在现代公共卫生和医学出现之前，人类疾病、死亡和不孕不育最重要的原因就是寄生虫（包括病毒、细菌等，通俗说就是"微生物"，专业术语叫"病原体"），所有体型较大的动物和植物都在持续不断地与数十种微小寄生虫进行着一场生物学战争。

脊椎动物已经进化出一套生化防御系统，在它的整个生命周期内，都会不断地学习如何识别并攻击进入体内的危险本地寄生虫。防御系统主要由淋巴细胞来完成，针对每一种遭遇过的寄生虫，淋巴细胞都有免疫记忆。

然而，免疫系统习得的寄生虫免疫力是高度地域性的，来自其他氏族部落的人携带的可能就是其他类型的寄生虫。这些寄生虫的进化方式略有不同，所以传播、感染和致病的方式也不同。因此，与外来人交往从而感染上新品种寄生虫的风险会很高，这对于只适合本地环境的免疫系统就特别难以对付。最典型的就是地理大发现时代，欧洲人带到美洲的病毒和细菌，使得整个美洲土著人口几乎灭绝。因为美洲人身体里的生化防御系统中，并没有针对来自遥远欧洲的天花等外来病毒的抵抗能力。

当"寄生负载"越高，即一个人所在的当地群体中寄生虫数量和种类越多，泛滥程度越高，这一风险也就越高，这些高寄生负载地区的人应对外来者就更为谨慎，他们会更不愿意和其他群体交流，因为食物、服装、住所、卫生习惯都可能和寄生虫传播有关。这些地区的人更加排外，只专注自己的群体，显得保守而内向。

相反，那些来自环境寒冷、干燥，不利于寄生虫传播地区的人，他们与外来者交往的代价相对会降低，与外族人交往使他们获得了交易机会、知识、盟友等，因此这些群体会在进化过程中降低排外性，他们个体也会变得开放和外向。

寇瑞·芬奇等人的团队在全世界范围内的98个地区，统计了9种已知能够降低人类繁殖健康状况的寄生虫（包括麻风病、登革热、肺结核、血吸虫等）在医学史上的流行记录，他们发现，在寄生负载较高的地区，人们的开放性和外倾性会比较低，科学统计支持了这种假说。

当我们带有外向或者内向的性格基因时，不必为哪种性格更好而争论，每种性格都是适应自然环境的产物。在我们面对陌生人感到害羞时，也不必自责，我们的祖先正是利用这种特质避开了外来病毒的侵蚀，成功地生存下来。

让别人看到你的努力

电影《海角七号》中，日本知名歌手将在中国台湾南部小镇恒春举行一场大型演唱会，由于当地人的坚持，暖场乐团将由当地的音乐爱好者组成。电影的高潮出现在最后的暖场演出中，这个有老有小的临时乐团大获成功。当电影观众被他们的音乐感染时，除了这些乐手表演的艺术魅力，更重要的原因是观众一直看着这支乐队成长和努力。

这支民间乐团虽然是由邮差、业务员、机修工、警察、小学生七拼八凑组成的一个草台班子，然而正是由于每个人的梦想、困惑、挣扎和奋斗，一次次地失败和努力，最终才奉献出一场完美的演出。假如观众没有和他们一起成长，没有看到他们的努力，只是单单看最后的演出，是无论如何都不会体会到这种震撼力的。

我们在职场上同样如此，让别人看到你的努力是至关重要的。

美国经济学家丹·艾瑞里讲过一个故事：有个软件工程师，为一家银行编写了一套庞大的办公软件。这套软件可以把接收到的数据转化成美观的报表，完成分析和生成报表的时间大约是两分钟。这期间，沙漏会显示软件正在工作。

该报表十分有用，但是所有的人都抱怨软件运行的速度太慢了。

这个软件工程师解决问题的方法出人意料，他修改了软件，让人们在使用时看到其具体运行情况，而不只是面对沙漏。人们能够像用快进模式看录像一样看到它的工作过程，改进后的软件显示它正在对数据进行分割，合成数据库，生成标题和图表……

但问题是，这套软件改进后运行的时间是原来的三倍。

令人惊讶的事情出现了，使用这套软件的人不但没有抱怨它速度变慢，相反对它的高效和完美赞叹不已。

对此，丹·艾瑞里的解释是，当我们觉得有人在为我们工作，尤其是当他们努力工作的时候，我们的感觉会比较好。我们有时很难对得到的结果做出直接评价，但是我们非常愿意对整个工作过程做出评价。让某人努力为我们工作可以使我们感到愉悦。

丹·艾瑞里所说的道理无处不在，当有人喜欢三天两头向领导汇报自己的工作，讲述自己遇到的困难和如何努力克服的过程，这在很多人看来，无异于溜须拍马（也许真有那么回事），然而领导往往对他们格外信任，这其中有深刻的心理学背景。

美国经济学家泰勒·考文说："掌控力需求源自人类内心深处的欲望，这也是感觉到失去掌控力是如此折磨人的原因之一。"当我们看到人或者机器在为我们一丝不苟地工作时，当我们掌握下属的工作进程和态度时，我们会得到一种安全感，觉得一切都在掌控之中。

很多时候，我们喜欢偷偷地努力，最后一鸣惊人，然后风轻云淡地说：这也没什么啊。事实上，如果你让别人看到自己的努力，无论对自己，还是对别人都是好事。

人类为什么离不开八卦

其实,我只是准备在手机上看下天气,结果整晚我都沉浸在各种八卦中:好莱坞老牌明星查理辛得了艾滋病(关键有一大帮女星惊慌失措);NBA球星奥多姆在妓院里昏迷(顺便把他老婆卡戴珊家族的绯闻都看了一遍)……

那个晚上,我原准备读的是钱穆的《中国经济史》,但不得不承认,那些八卦消息对我更有吸引力,我为自己如此没有自控能力而自责,不过,这种热爱八卦的本能或许来自我们的基因。

八卦的存在比我们想象的更久远。当我们的祖先还是原始人类的时候,在他们互相梳理毛发捕捉虱子的同时,八卦就出现了(谁谁把猎物分得不公平)。这些古老的八卦不但促进了语言的形成,还有助于建立稳定的社交网络。

伦敦大学的神经科学家约翰·哈迪说：在人类还是小村落聚居社会的时候，彼此都很熟悉，但那些能解决复杂问题的族人首领，由于在"繁衍机会"上比较有优势，因此，这些人也就成了八卦对象。我们今天之所以对名人和政客的错误行为特别感兴趣，就是因为那个彼此熟识的古代社会进化至今的残留物。

八卦的微妙之处在于它多半是种悄悄话，"我告诉你一个关于老板的秘密，他居然……你可千万不要告诉别人噢"，南佛罗里达大学心理系的詹姆斯·巴森通过实验发现，人们聚在一起谈论别人的八卦时，负面态度要占更大的比例。当大家在咬耳朵说某人的丑闻时，这些八卦消息提高了自尊（别看她这么受老板器重，其实她靠的是……），提高了小团体的归属感（这事就你和我知道噢）。这都有利于人际吸引的增强和亲密关系的形成。正如牛津大学动物学家邓巴所说："当两个人对同一个人感到厌恶的时候（原来你也觉得世上没有比老板更蠢的人啊），谈论此人的八卦能使两人的交情更进一层（敌人的敌人是朋友）。"

那么八卦这件事有积极的意义吗？美国东北大学的心理学家丽萨·巴雷特等人在《科学》杂志上发表了一项研究：研究者通过一个叫作"双目竞争"的实验证实，八卦消息影响人的视觉系统，人们会无意识地对拥有负面八卦信息的人物给予更多关注。研究者认为，这或许和人类的进化有关，因为这种感知力可以避免我们受到伤害。

悉尼大学的德里斯科尔教授认为，阅读八卦是我们的生存方式，他说："我们阅读这些八卦报道，进而了解社会价值观期许我们怎么做，这完全是为了学习，学习该如何在这个世界生存。"

加州大学伯克利分校的研究人员进行的一项实验显示，八卦别人的错误行为可以使自己的压力减缓。他们通过测量受试者心跳，发现当受试者看着别人玩游戏作弊时，心跳会变得剧烈，如果此时有个机会可以草草地写下他们作弊的事实（就好比理发师对着树洞说国王长着驴耳朵），便能减缓紧张的压力。

因此，我们千万不要瞧不起那些八卦。当我们还在原始部落的时候，谈论部落首领的八卦会使他更加约束自己，就像美国人谈论总统先生和女实习生在白宫的绯闻，这对国家同样是有利的。八卦有助于帮助我们揪出谁是不正义的，谁违背了社会公德，这个时候，八卦可是正能量满满的。

我们满满的自信从哪里来

坐在一辆出租车上，听司机一路骂骂咧咧："怎么开车的……这么烂的水平怎么也敢上路……驾校老师是怎么教的……"

好几次我都忍不住想说："老兄，你自己的开车水平也实在蹩脚得很，还要说人家……"不过也许不能怪这个司机，心理学家马克·埃里克在《高于平均值的效应》中说："一项调查表明，超过80%的人认为自己开车技术比一半以上的司机要好。"

这种自我优越感可不仅仅局限于开车这件事，比如在股市中，最终有八成股民亏损，赢利和持平的只有两成，而大多数股民都坚信自己的判断力超过普通人并将最终赢利。再比如眼下有近两千万个微信公众号在运营，99%以上注定要被淘汰，可是如果你去问那些正在运营或者准备运营微信的朋友，他们大多会信心满满地告诉你，他们会获得成功。

在1976年美国的一项经典调查中，一个大学委员会要求高中考生根据多项标准做自我评估。85%的学生认为自己的人际交往能力高于一般水平，70%认为自己的领导能力比一般人强，60%则认为自己在体育方面比一般人有优势。

同样，在经营方面人们也是自信满满。在美国，小型企业能够生存5年以上的概率为5%，然而调查显示，这类企业家普遍认为自己的事业正处在上升期，有81%的小型企业创办人认为他们的胜算达到70%甚至更高，有33%的人甚至认为他们失败的概率为零。

诺贝尔经济学奖获得者丹尼尔·卡尼曼有次和妻子在温哥华岛度假，他们住在森林里一家人迹罕至的汽车旅馆，在交谈中，他们得知汽车旅馆的主人——一对教师夫妻用所有积蓄买下了这座12年前建成的汽车旅馆，他们说："在我们之前的六七个老板都没能将这家旅馆妥善经营。"

旅馆老板说这话并没有任何讥讽之意，他们接着还讲述了自己的旅馆经营计划，自信完全能经营好，却完全没有解释——为何前几位老板都失败了而自己却能成功？卡尼曼对此解释说："我们将注意力集中在目标上，锚定我们的计划，却忽视了相关基础比率，导致规划谬误。人们只关注自己想做的和能做的，却忽视了他人的计划和机能。"

心理学家已经证实，大部分人都相信自己比别人有着更为理想的特质，他们愿意为自己的信念下一笔小赌注。人们这种超出实际的自信和乐观，虽然会导致我们决策和投资的错误，但从整个人类的角度来说，也未必是件坏事。

这种自信和乐观或者和人类的进化有关，它使得人们面对失败和困难有着更强的承受力。同时这种心理使得人们愿意寻求挑战，承担风险。正是如此才让人类有了层出不穷的发明和前赴后继的冒险。如果没有这种超出正常水平的自信，谁会有勇气走出非洲大陆？谁会驾着帆船去发现新大陆？谁会耗尽家财去发射火箭探索宇宙？

直觉究竟是怎么来的

乔治·索罗斯是量子基金的创始人，他在1997年的亚洲金融市场翻江倒海，最终引发亚洲金融风暴。然而有件事让人很难置信，他承认会依靠某些直觉来进行投资决策，他说："我在做投资决策时常会感到背部疼痛，如果背部袭来一阵剧烈的疼痛，我就认为是一个信号，表明我的投资组合策略出了问题。"

依据背部是否疼痛来判断投资决策是否正确，这听来匪夷所思，完全不像以理性和冷血著称的索罗斯的投资风格，这倒有点像我家隔壁的老太太，"今天左眼皮一直在跳，不是好兆头，不适合去营业部买股票，买好菜直接回家"。

索罗斯为何会相信这种看起来不靠谱的直觉？这究竟是迷信，还是其中有更深奥的道理？

最新的一些科学研究发现，身体传递给大脑的信息往往不会进入意识世界，我们几乎无法察觉，但这些信息强有力地影响着我们的每一个决策。换句话说，就是直觉不仅是真实存在的，而且对理性选择至关重要。

诺贝尔经济学奖获得者丹尼尔·卡尼曼等人认为，直觉是对模式的识别。我们在玩游戏时，会把所有遇到过的模式都储存进大脑，同时记住了每种模式的结果，在记忆的过程中也慢慢掌握了游戏的技巧。之后，当我们遇到新的情况时，会搜索存储在大脑中的模式库，寻找与新情况最接近的模式。

在俄罗斯世界杯中，冰岛门将哈尔多松将梅西点球扑出。职业运动员射门的球速通常达到每小时100公里，守门员只有300毫秒左右的时间做出反应；从蓝线击出的冰球不到200毫秒就能砸到守门员的头盔；乒乓球运动员处理对方击来的球更是只有160毫秒的时间……

这些电光石火的时间，远比光线落在视网膜上变成化学信号，然后通过神经传输到大脑，再由大脑发出信号指挥身体来得短暂。因此无论是守门员还是其他运动员，这个过程根本来不及经过大脑判断，当看到对方踢球的姿势或者听到球拍和球的摩擦声音，身体就自动从模式库中判断出对方点球的方向以及乒乓球旋转方式并做出反应。

哈尔多松扑出梅西的点球并非靠大脑的深思熟虑，而是无数次训练产生的直觉。著名冰球守门员肯·德莱登就曾说：

"我感觉到威胁靠近时,我的意识大脑一片空白。我没命令身体移动,但是身体就是在移动……"因此,直觉并不神秘,只是识别模式的能力。

在金融市场,这种直觉就是我们常说的"市场感觉"。那么背部疼痛和投资策略又有什么关系呢?

美国神经科学家约翰·科茨说:"我们在学习某件事时,我们储存的不仅仅是模式,同时还会存储每种模式所对应的肌肉和脏器反应。当遇到危险时,脏器神经系统会迅速激活组织和器官,提供动力和氧气,给身体降温并解除疲惫,以支持肌肉系统应对危机。我们全身都做好了准备,呼吸加速,心跳加快,开始出汗……"

我们的身体会记录这些宝贵的信息,因此很有可能索罗斯曾经在做出极为糟糕的投资策略时,引起了身体的不适以及背部疼痛的反应。当某种糟糕的投资模式再次出现时,大脑还没来得及判断,而身体相应的部位却发生了反应,这就产生了直觉。

从这个角度来说,索罗斯的迷信可能有一定的道理。科茨说,有经验的交易员在面临交易风险时,身体会比意识世界更快地感知到风险,先于意识世界产生的身体信号就如同警报。因此,在金融市场,倾听身体的声音也相当重要。

从众不是个好主意

耶鲁管理学院经济学教授巴里·奈尔巴夫有一对朋友，女方希望结婚，男方却希望再等等，并一再信誓旦旦地承诺未来的婚姻。男方到底是不是真心爱女方呢？这时女方该怎么办？

奈尔巴夫的经济学思维方式来自诺贝尔经济学奖得主斯蒂格利茨等人的信息筛选理论，用筛选的方法就可以摆脱缺乏诚意者——奈尔巴夫建议女方要求男方在他身上文上她的名字。这时候如果男方犹豫了，女方就可以看出他缺乏诚意而离开他。在中国，通常是在房产证上写上对方的名字。

如果你带着女友去吃饭，你想为她点一些特别而且美味的菜肴，这时经济学思维也可能帮上你。美国乔治梅森大学的经济学教授泰勒·柯文发现，任何你从没听说过的菜，尤其是原材料听上去很恶心的菜，通常在高档餐馆会被专业厨师做得相当好吃。而许多常见菜则可能略低于菜单上菜品的平均水平。许多不会点菜的人会点烤鸡之类的家常菜，它们会出现在许多菜单上，尽管它们吃起来也不错，但并不会让你品尝到顶级美味。

也许你以为越富有的地区食物越好吃，柯文教授的经济学思维告诉你，选择一个贫富悬殊的地区，那里的窗户上装着铁栏杆、院墙上装着铁丝网，这通常说明这个地区不安全，但这是能够尝到美食的信号。在这些地方，穷人会为了谋生去开小餐馆，你就有可能吃到美味的家庭菜肴。

如果你想买彩票，经济学知识虽然不会告诉你买哪个号码会中大奖，但经济学思维能提高你的中奖概率。

1995年1月14日，一个叫埃莱克斯的人买的英国国家彩票，6个号码全部猜中了。这种彩票的头奖总值是1600万元。不幸的是，他却仅仅获得了不到12万元。这次头奖号码全是热门数，还有132个彩民也猜中了所有这6个号码。所以，平均分给每个人的奖金，也就只有这么多了。

事实上，在彩票投注时，所有号码的中奖概率是一样的。你应当避开热门号码（在中国尤其不能买8），以免别人和你分享奖金。

谁更喜欢展示自己的头衔

在美剧《冰与火之歌》中，美女丹妮莉丝出场时，她那个奇长的头衔实在招人讨厌——"丹妮莉丝·坦格利安一世，弥林女王，安答尔人、罗伊拿人和先民的女王，七国统治者暨全境守护者，大草原上多斯拉克人的卡丽熙，人称风暴降生，不焚者，龙之母……"

这些也许不能全怪她。作为一个新崭露头角的部落领袖，她必须通过她的头衔，来传递她的威严和权力的信息。

不过这么长的头衔还可能传递出另一个信息，丹妮莉丝在七大王国中，只不过是初来乍到的生手。真正有声望并且历史悠久的统治者，则无须通过这些吓人的头衔来传递信息。

人们普遍在意发送自己有本事的信号，结果最有本事的人反而不发送这种信号，这就是经济学的"反信号传递"。

如果你手头有一张国内某知名人士的名片,你也许会被他的头衔亮瞎了眼:中国最有影响力的人;中国最著名的慈善家;中国道德模范;中国低碳环保首席推动者……他无非是强调他的重要。如果从信号发送的角度来看,这实在是非常失败,这只能说明在这个领域他还缺乏自信。

曾经遇到一家知名互联网上市公司的创始人,他递给我的名片非常简洁,只有公司和名字,没有任何吓人的头衔。日本的商务名片也常常会简单到极点,这些名片不是表示这个人不从事商业活动,相反,这正好说明他在他的领域是如此成功和重要,以至于不需要对自己进行介绍。

当你去应聘一家全球性互联网公司的工程师职位,你也许会精心打扮一番,穿上笔挺的西装,打上得体的领带,这样做固然是对对方的尊重,然而也会传递出一个信号,你在这个领域知名度还不够。

印第安纳大学和美国人口统计局的经济学家瑞奇·哈勃和西奥多·陶曾做过一个调查,他们发现,有博士学位授予权的大学,更少在语音电子邮件祝词中使用头衔。在有博士学位授予权的大学,只有不到4%的教员使用头衔;而在无博士学位授予权的大学中,使用头衔的人约为27%。他们的结论是——成就越小的人越喜欢展示自己的头衔。

关节痛和天气变化有关吗

丹尼尔·卡尼曼在2002年获得了诺贝尔经济学奖，事实上，卡尼曼的成就和阿莫斯·特沃斯基密不可分。卡尼曼曾说，我觉得这个奖是我俩一起得的，因为诺奖不颁给已去世的人，要不然于1996年去世的特沃斯基也当之无愧，应该分享这一荣誉。

阿莫斯有许多有趣的研究，比如他和雷德梅尔医生研究的"关节痛和天气变化的关系"。

假如天气突然变得阴冷，你可能会打电话给你年长并患有关节炎的亲人，让他们注意膝盖保暖。长期以来，人们普遍认为关节痛和天气变化有关，这一观念沿袭数千年，最早可追溯到公元前400年希波克拉底所写的著作，其中就提到了风雨对疾病的影响。时至今日，仍然会有很多医生建议患有关节炎的病人迁往气候温和的地方居住。

阿莫斯和雷德梅尔调查了一大批关节炎患者,让他们描述自己的关节疼痛程度,并将这些描述与天气情况结合在一起分析。他们发现,虽然病人自述其关节疼痛会随天气变化而加剧或者减缓,但是二者之间并不存在显著的相关性。

那为何病人坚持认为自己的关节痛和天气有关呢?阿莫斯从行为经济学的角度做出了解释,他认为人们总是希望在不确定的状况下找到事物间的某种关联,从而给出答案。他们把研究结果发表在1996年的《国家科学院院刊》上,在这篇名为《关节痛和天气相关之信念研究》的文章中,两人写道:"我们把这种现象归因于选择性匹配……对关节炎患者而言,当疼痛加剧时,选择性匹配会导致他们从天气变化中寻求答案,而当疼痛不明显时,他们却极少关注天气。若是在某一天疼痛剧烈,又恰逢天气恶劣,那病人很可能终其一生都认为关节痛和天气有关。"

哈佛大学医学院的阿努潘·耶拿领导研究团队也重复了阿莫斯和雷德梅尔的研究,并把结果发表在2017年的《英国医学杂志》上。耶拿和他的同事查看了1100多万份信息,这些信息都是在美国老年人与其初级保健医生的访问中收集到的,该记录涉及了年龄上限为65岁的150万人。

研究团队将这些记录与每日降雨量数据进行比较发现,从统计学的角度看,声称关节或后背疼痛并就诊的人数与雨天的数量并无关系，即使连下了七天雨，也没有出现所谓的"降雨效应"。由于病人可能很难在疼痛发作的当天就安排好就诊，研究人员还特地观察了那些因为关节疼痛或背痛的就诊是否与前一周发生的降雨有关，结果发现两者仍然没什么差异。

美国华盛顿大学骨科与运动医学系的斯科特·特尔弗还有更有趣的发现。

特尔弗通过考察关节痛相关的关键词搜索量的变化，同时对比当时的天气情况，从而发现关节痛发作与天气之间的关系。特尔弗选择了全美人口数量前50位的城市作为考察地点，使用谷歌趋势作为工具，考察关节痛相关英文关键词搜索量的变化。特尔弗发现，当气温在0℃到25℃至30℃这个区间变化时，温度越高，关节疼痛关键词的搜索量也随之升高，当气温超过30℃后，则会出现下降。而关节疼痛关键词与降水量之间，存在着负相关关系，也就是说，疼痛的严重程度随降水量的增加而降低。

那么为何会出现这种现象呢？特尔弗认为，关节疼痛和运动密切相关，当天气变得暖和时，人们便外出运动，而天气寒冷或者过于炎热，人们则会待在家中。也就是说，当天气条件变得再度不适合运动，比如下雨天，关节痛的搜索量也随之下降。

好运气会被用完吗

电影《西虹市首富》中，业余足球队的守门员王多鱼遇到了一连串的倒霉事，先是被认为踢假球遭球队开除，接着开车遇到碰瓷的被勒索……然而他的霉运很快走到了头，因为他将继承一笔数百亿元的巨额遗产。

很多人都相信，霉运走多了下一次可能就会撞大运，同样，好运连连则更有可能变成坏运气，这就是我们生活的一部分。

假如你参加了一场关于消防安全的讲座，其间主讲人说："我知道你们中的一些人会说，你们在家里生活了25年，从未经历任何类型的火灾，对此，我想说的是，你们过去比较幸运。不过，这意味着你们和下一场火灾的距离不是越来越远，而是越来越近。"再假如你参加了很多次的工作面试，但是没有收到任何录用通知，你是不是认为自己被录用的可能性正随着被拒绝的次数在不断增加？这些观点有道理吗？

美国统计学家加里·史密斯认为，这种常见的推理过程基于错误的平均定律。比如我们扔硬币，理论上出现字和花的概率每次都是50%，然而当我们扔出多次字时，总会觉得下一次出现花的概率会更大。事实上，即便我们连续扔出100次字，下一次出现字和花的概率仍然是相同的。

最有戏剧性的一幕发生在1913年蒙特卡洛的赌场中，一张赌桌上连续出现了10次黑色，赌桌围满了押红色的赌徒，当连续出现15次黑色时，人们开始近乎疯狂地挤到赌桌前，以便将更多的钱押到红色上，结果黑色连续出现26次，赌场获利数百万法郎。

人们为何总是担心自己的好运会用完？心理学家理查德·尼斯比特和李·罗斯认为，这是人们对于一些简单的回归现象的错误理解，例如认为一件非常好或者非常差的事件之后，必然会跟随一些不那么好或者不那么差的事件，而不管其中是否存在随机因素，这在我们生活中是屡见不鲜的……仅仅在观察到一些简单的回归现象后，人们就产生一些迷信，比如说非要做点什么去结束一连串的"坏运气"，或者什么都不做以免失去好运气。

西弗吉尼亚州最高法院首席法官曾经开车前往南达科他州参加一次司法会议，他说："在我的一生中，我坐了许多次飞机,我已经用掉了我的安全统计英里数,只要还有其他可行的替代方案,我是不会坐飞机的。"

在体育界这种现象更为常见,乔治·迈尔奇曾经是一名职业棒球运动员,后来成为一名社会科学研究者,他在《棒球中的魔术》一文中列举了一些有趣的事件:纽约巨人队为了保持16场连胜的势头,不愿意洗他们的队服,生怕洗掉他们的好运气;1941年布鲁克林道奇队的队员狄罗谢为了保持连胜,在三周半的时间内一直穿着同一双鞋、同一双袜子和同一件外套……看来保持好运的成本可不小啊!

事实上,好运气的连续出现不会提高坏运气的出现概率,反之亦然。比如你找工作屡屡被拒很可能说明你根本就是能力不行,或者在面试中表现糟糕,你受挫的次数不会提高你下一次被录用的概率(除非你在不断学习和改进);没发生过火灾说明房主比较谨慎,从不躺在床上抽烟,也不会把金属放进微波炉;连续16场连胜的纽约巨人队也只能说明这支队伍实力超强;每一次安全的旅程也不会提高下次飞机掉下来的概率。

不过人们总是愿意相信好运气会用完,坏运气也会很快到尽头,这其中的作用或许是在提醒自己,在身处顺境的时候不要大意,在逆境中也不必气馁。

重要的是你怎么做

当我们看到某些新闻事件时，我们很容易把自己替代其中。比如遇到和司机无理取闹的乘客，我们想象自己会冲上前去拉开这个危险的家伙；如果自己是一个老师，在遇到危险的时候一定会等最后一个学生安全离开后自己才走……这么想当然很好，所有人怀有这些好的想法就构成了我们的社会共识。不过这仍然有一个问题，你这么想，并不代表你会这么做。

美国心理学家斯蒂芬·科里曾经做过一个经典的实验，科里感兴趣的是学生对待作弊的态度和实际行为的关系。为了测量对待作弊的态度，他让67名大学生完成了一个关于作弊的实验。科里接下来又用了一个隐秘的手段，了解学生的实际行为。他让这些学生每周参加一次考试，连续三周。对每次考试进行秘密评分，然后将看起来没有评分的试卷返回给学生，让他们自行评分并将评分结果返回。学生报告的分数与他们实际分数总差异就是作弊的实际行为度量。

让科里感到吃惊的是，人们的态度和行为之间的相关关系几乎为零。这些学生对待作弊的态度似乎和自己的作弊倾向没有多大联系，用科里的话说："学生是否会在考试中作弊，很大程度上取决于他是否为这次考试做了充分的准备，而不是所宣称的对待作弊的态度。"

这个实验揭示出态度和行为之间的鸿沟，这有助于我们理解为什么那么多的贪腐官员曾经在台上宣讲廉洁的重要，为什么那么多曾经海誓山盟的恋人只是转眼恋情就走向终结。

不过这件事情也有另一面，有些人言语粗鲁观点偏颇，但实际行动并不让人那么讨厌。

1930年，斯坦福一个名为理查德·拉彼埃尔的社会学家与一对中国夫妇结伴周游美国。两年间，拉彼埃尔和那对中国夫妇游遍了美国，总共到过184家餐厅，67家旅馆、家庭旅馆和专门招待旅行者的家庭。当时的美国存在严重的反华倾向，但在这些接待过他们的251个地方中，只有一次让他们感到种族歧视，拉彼埃尔还认为有72次他们受到了超出一般规格的款待。由此，拉彼埃尔得出结论，美国人对中国人并不存在偏见。

在旅游结束后，拉彼埃尔向他到过地方的业主送去了一份调查问卷："你会接待中国人吗？"他最后总共收到128份问卷，在这些问卷中，有118份问卷中表示他们不会接待中国人，有9份表示要视情况而定，只有一家汽车旅馆的主人很肯定地说她在夏天接待过一对中国夫妇。

拉彼埃尔的调查表明，人们可能会有一些抽象概念，但这与他们的实际行为只有微弱的联系，或是完全无关。

心理学家艾伦·威克在46项研究的基础上总结道："态度与行动并不是那么密切相关，态度与表露在外的行为实际上是无关的，或只有微弱的联系。"

因此，反复地在社交网络表达我们的正义感，不停地在别人面前表达自己的道德感，这些并不是最重要的，因为你所说的，很可能你自己也做不到。与其不停地说，还不如默默站起身把座位留给需要的人，看到街头流浪的小猫给它一点食物，在无人的十字街头遇到红灯时悄悄地伫立。

错误的结论是怎么来的

很多年前,美国一家报社刊登了这样一则整版广告:调查显示,购买一台打字机可以提高一个人的学习成绩。我们即便假设这则广告中的调查是真实的,它仍然存在不同的解释:比如购买了打字机而获得了较高学业成绩的学生往往来自比较富有的家庭,而这样的家庭对学生的学习更为关注;购买打字机的学生比其他学生有更高的学习动机。

也就是说,购买打字机和提高学习成绩两者只能说存在相关关系,而非因果关系。不过在日常生活中,人们常常把二者混为一谈。

1990年的《纽约时报》刊登了美国广告协会的整版报道,报道中说:"做广告可以使你的投资回报率加倍。"这个论断来自以下调查数据:"比竞争对手投入更多广告的品牌投资回报率是32%，而比竞争对手投入较少广告的品牌回报率仅为7%。"即使这个数据是真实的，也不能证明广告的投入和投资回报率之间的因果关系，因为往往只有利润率较高的企业才能够负担高额的广告费用。

韩国有档综艺节目叫《英才发掘团》，这个节目主要是发掘韩国各地的少年英才，这些不同年龄段的孩子智商和情商都非常高。在很多期节目后，人们发现了一个规律：这些优秀孩子的父母和同龄孩子的父母相比往往年纪偏大。那是不是高龄父母生的孩子会更聪明？

高龄父母和优秀孩子同样并非存在因果关系，而是相关关系。父母年纪偏大，相对来说家庭状况也更好，中年得子的他们会把更多的精力投放到孩子的教育上，丰富的社会阅历使得他们在教育投资上更睿智和有耐心，正是这些原因，使得他们能够培育出更优秀的孩子。

20世纪80年代，哈佛大学公共卫生学院院长布莱恩·麦克马洪领导的一个团队发现，喝咖啡和胰腺癌之间存在紧密的联系，他们提出，如果人们停止喝咖啡，那么胰腺癌的发病率会大大降低，他们把这项研究成果发表在了全球顶尖医学杂志《新英格兰医学期刊》上。

麦克马洪的研究对患有胰腺癌的住院病人以及患有其他疾病并被相同医生要求住院的病人进行了比较，这些医生大多为肠胃专家，许多没有患癌的住院病人放弃了咖啡，因为他们担心咖啡会使溃疡和其他肠胃问题恶化，而患有胰腺癌的病人并没有停止喝咖啡，这使得胰腺癌患者中有更多的咖啡饮用者，因此不是咖啡导致了胰腺癌，而是其他疾病导致另外一些人不再喝咖啡。

　　这种把相关关系混淆成因果关系的例子在生活中比比皆是。比如很多健康杂志告诉我们，定期吃维生素片或者每天喝蔬菜汤的人会更长寿。事实上，能够定期吃维生素片或者每天喝蔬菜汤的人拥有更健康的生活习惯，饮食、锻炼、作息处处更注重养生之道，而没有这么多讲究的人在生活其他方面同样会忽略健康习惯。

有个"马云爸爸"我们会更快乐吗

很多人喜欢在网上喊马云"爸爸",虽然这是一句玩笑话,但谁不希望有一个像马云一样有钱的老爹?那么假如真有这样一个亿万富翁爸爸,我们会更快乐吗?

答案似乎是显而易见的,生在有钱人的家庭,我们不用为生计担忧,含着金汤匙出生意味着父母为你定制好了锦绣前程,从小把你送到最好的学校接受最好的教育;成年后他们会用自己的人脉和实力为你铺好通往成功的道路。总之,你的人生像是"开了挂"。

不过,我们的大脑可能给出相反的答案,也就是说,我们并不会因此更感到快乐。

我们的大脑是个神奇的东西,它对显而易见,也就是意料之中的事情并不会感到多兴奋。如果你从小就知道要继承亿万家产，真到了这么一天，你并不会有多高兴，而如果你是穷人，意外得到一笔小小的馈赠，那你可要高兴得多。

我们之所以会感到高兴，是大脑里产生了多巴胺，而多巴胺只奖励意外。有这样一个实验，实验人员给猴子喝一口果汁，这时猴子大脑的多巴胺上升，但重复几次以后，多巴胺水平会趋于平稳。此时，如果在猴子预期只能喝到一口果汁的情况下，给它喝两口果汁，多巴胺会再次上升；如果给它喝三口，多巴胺会进一步上升。但是如果重复给它喝三口果汁，多巴胺含量又会趋于平稳。这也意味着分泌到大脑中的多巴胺并不取决于果汁的绝对量，而在于有多少果汁是意料之外的。

另外，我们的大脑还很在乎自己是否付出了努力。

当我们躺在沙滩椅上，别人把美食送到我们嘴边，或者你什么也没做，父母把亿万家产交到你手上——很多人很羡慕这样的生活，但是我们的大脑说不，它对此不会产生兴奋。

在我们的大脑中，行为和奖励是紧密相关的，因为采取行动并付出努力才能得到奖励，比如成功地尝试新的打猎技巧，走一条新的小径在树林中发现大片浆果，多巴胺会让我们不断产生尝试这些行动的冲动，甚至是强烈的渴望。

从进化的角度来看，无论是动物还是人类，只有通过自己的努力来获得食物才有意义。动物在寻找食物和水源的过程中，多巴胺会发生作用，不断奖励这种行为。现实生活中，当你付出比常人更多的努力而获得成功，你会格外高兴，如果你的父母或亲戚把大把的钱扔给你说，拿去花吧，你的快乐要小得多。

多巴胺还爱奖励冒险，而不奖励金钱本身。

金钱带给我们的快乐，很大程度是获得过程的快乐，而不是金钱本身。很多企业家很享受创业的过程，但对金钱本身并没有太大欲望，他们拿大把的钱去做慈善事业，那些设计可回收火箭和梦想移民火星的创业家，对他们来说最快乐的就是冒险而不是赚钱，这也是我们的大脑机制导致的。我们的大脑奖励我们去冒险，当我们在做某件以前没有尝试过的全新事件，它能带来出乎意料的奖励时，此时的多巴胺含量最高。

我们的大脑鼓励我们打破常规，去尝试全新的捕猎技巧和觅食模式，去接受更大的风险，也正因如此，人类的祖先才得以走出非洲，带着冒险精神翻山越岭、漂洋过海，把后代散播到世界各地。

所以，我们的大脑并没有准备奖励那些不劳而获的人，如果有个富豪爸爸什么都不用做就获得万贯家财，这并不会让我们感到多快乐。要想快乐就必须自己付出努力，去承担风险，这才是写入我们基因的幸福原则。

清洁空气的成本和收益

对于环保,我们通常会说"清洁的空气让每一个人同样受益""对污染零容忍"。不过这些话,可能让那些"不环保"的经济学家直摇头,在经济学的世界里,有些常识和我们想的不一样。

美国中西部诸州,东起俄亥俄州,西至爱荷华州,这些地区曾经是美国传统的制造中心,现在衰退了,被称之为"锈带"。在"锈带"的中心,假设有两个小城,克林斯顿和格莱美威尔。这两座城市相差无几,大家购物、逛公园、工作。但是有一件事情是例外,那就是呼吸,格莱美威尔钢铁公司让当地的居民呼吸到新鲜的空气成了奢侈的事情。

格莱美威尔议会终于决定向万恶的脏空气开刀,他们通过了《清洁空气法案》,要求当地的钢铁公司采取全面的污染治理措施。当地的媒体高兴地说:"清洁的空气是我们大家平等分享的东西。"

正当市民欢庆的时刻,经济学家不合时宜地跳了出来。罗切斯特大学经济学教授史蒂文·兰兹伯格冷冷地说,格莱美威尔成为第二个克林斯顿,这是件好事吗?当然不是。因为如果他们喜欢克林斯顿的话,早就搬到那里去了,还用等到现在?

兰兹伯格的意思是人们早先为什么选择格莱美威尔,难道有人不喜欢新鲜空气吗?当然不是,而是这里的生活成本要低很多,选择在这里居住是清新空气和便宜房价之间的权衡的结果。

当格市的空气水平达到克林斯顿,它的房价相应也会同样看齐,这样,对低廉房价有偏好的市民并不是个好消息。兰兹伯格接着说:格莱美威尔的土地拥有者从《清洁空气方案》中得到最大好处,而土地所有者通常都积极行动起来游说相关方面做出有利于他们的决策。看来,治理污染这件事,地产商应该多掏钱。

经济学家罗伯特·弗兰克也是个"斤斤计较"的人,他说:随着污染物清除量的提高,清除既定数量污染物的成本也会随之提高,理性的企业主会选用成本收益最高的方案。因此,需要把减排的花费和污染的危害进行一个成本量化。污染物并非排放得越少越好,只要污染物排放量达到一定水平,继续减排的成本将高于对应的危害价值。

因此,"零排放"和"零容忍"并不是最优选择,成本和危害之间需要一种权衡。弗兰克的结论是,最优的减排方案应该首选成本最低,然后才是成本次低。

经济学家教会我们成本和收益间的权衡,而不是对和错的道德竞赛。环保主义者号召大家禁止使用易致癌的杀虫剂,而生物学家布鲁斯·艾姆斯的研究结论是,如果禁用杀虫剂,水果和蔬菜价格就会上涨,节俭的人就会少吃一些,患癌症的概率随之也会增加。因此,重要的是权衡个中利弊。

美国人为什么喜欢超级英雄

电影院里,《复仇者联盟2》正在上映,钢铁侠、绿巨人、美国队长、雷神打得不可开交,仿佛要把影院的天花板拆下来。世界被这些英雄一遍又一遍地拯救着。不过这些超级英雄盛行的背后,可能还预示着社会的贫富分化。

假如布希曼人听说有人自称为"行星的守护神""人民的大救星",一定会目瞪口呆。

布希曼人是世界上现存最古老的民族之一,他们讲究与人平等分享,在他们这里可没"英雄"这个词语。一个勇猛的猎人猎杀了很大一头猛兽,当其他人去取这头猎物时,会对猎物大小表示失望:"什么?你让我们大老远跑来就是拿这包骨头?"

这时猎人不能觉得是被冒犯了。这一切,都是旨在防止猎人认为自己高人一等，一位布希曼族人说："当年轻人猎得许多兽肉时，他会渐渐觉得自己是个大人物，并且把别人当作仆从或者部属，我们不能接受这样的情形。因此我们总是把他们的兽肉说得一钱不值。我们用这种方法来冷却他们的心，使他们保持温和。"

布希曼人通过精巧的设计来防止英雄的诞生：猎物的肉属于杀死的它那支箭的主人，而不是拉弓的猎人。男人们经常互换箭矢，这让个别的神射手不可能炫耀其箭术，这就防止了本领高超的猎人通过给予别人大量食物来制造人情债，从而建立自己的声望。

超级英雄在美国，而不是在诸如西欧国家盛行，与其经济制度有很大关系。欧洲经过漫长的封建制度和两次大战，对个人英雄始终保持警惕。他们作为一个群体，坚信运气的偶然性决定人的命运，因而倾向于高税率，对收入进行累进制再分配。

而美国是个地道的移民国家，他们鼓励冒险和个人致富。在美国，认为努力能改变命运的人与相信成功源于幸运和社会关系的人的比例是10∶1，而在西欧国家，这一比例还不到2∶1。美国的超级英雄故事体现了美国社会的环境，一个人的力量可以是其他人的千万倍，其隐含的语境是认可了人和人之间的极大差距，一个人的财富也可以是另一个人的千万倍，因此，和超级英雄一起成长的是美国20世纪30年代以来，愈演愈烈的财富分化。

和美国一样，日本的奥特曼、假面骑士、超级战队同样能量无穷，他们都诞生于20世纪60年代到80年代，此时经历了日本经济高速发展以及股票房地产价格飞涨，资产泡沫膨胀到极点。超级英雄的背后是有的人上无片瓦，而有的人买下纽约整幢大楼。

尽管我在电影院里很享受，但是拯救万民于水火的英雄盛行并不一定是好事。越有英雄崇拜情结的社会，财富分配常常就越不均衡。

我们需要"脱线先生"

喜剧或丑角通过自己的滑稽，对恐惧和权威发起挑战，冒犯才是它的本质。莎翁笔下的丑角，常常用荒诞不经的语言道出常人无法看到的本质，他们提供一个观察世界的新角度。比如《哈姆雷特》中奥菲利亚投水自尽，在这个悲情时刻小丑却说："有财有势的人，就是要投河上吊，比起他们同教的基督徒来也可以格外通融，世上的事情真是太不公平了。"

如果要问一个喜剧演员恶搞了一个公众人物或是历史人物，"伤害了广大人民群众的感情"该当何罪？那么，我们先来谈谈脱线先生（Mr. Magoo）吧。

心理学家所罗门·阿希曾做过一个著名的实验，他让一群年轻人围坐在一张桌子旁，给他们看两张卡片，一张上面画着一条线，另一张画着明显长度不一的ABC三条线，实验人员问道，三根线中哪一条和另一张纸片上的那条一样长。

这个实验看似简单至极，却暗藏玄机，这些围坐在桌边的人，除了一个真正的实验对象，其他都是聘来的演员，这些人煞有介事地纷纷说出错误答案。实验对象彻底犯晕了，最后他相信是自己的眼睛欺骗了自己，于是做出了随波逐流的错误选择。心理学家弗农·艾伦和约翰·莱文进行了一个更加离奇的实验，在同样的实验中，他们加进了一个"脱线先生"：他戴着由配镜师专门打造的瓶底一样厚的近视镜，这位夸张而又滑稽的脱线先生自然也是演员，他一上来就向主持实验的人抱怨自己的视力有多糟糕，不停地问："这个实验需要多好的视力啊，我看不清纸远处的东西。"

实验开始了，其他演员都给出了错误答案，唯独这个又傻又半瞎的脱线先生，他几乎连自己的手也看不清，给出一个正确答案。让人震惊的是，一个不赞同的声音就足以让实验对象得到解脱，即使持不同意见的人是滑稽可笑的脱线先生，实验对象内心却如释重负。

英国经济学家蒂姆·哈福特说，尽管"不同"经常意味着"错误"，但尝试不同的东西有着自身的价值。听取多种意见大有裨益，在意见多元化的团体中，人们会做出更好的决定。

喜剧演员给出了看事物的不同角度，也许他们说得不对，但他们就是那个戴着厚厚镜片可贵的脱线先生，把我们从高度统一中解救出来。

贰

≪ 技巧即是财富

我们为何不愿抛掉亏损的股票

假如你想从股市取出一笔资金,那么你是会卖掉赚钱的股票还是亏钱的股票?每一个有类似经历的股民,给出的答案大多是抛售那些已经赚钱的股票,仍然持有那些亏损的股票。

这可不是什么明智之举,美国加州大学经济学教授特里·奥丁在2004年所做的一项研究显示,投资者未售出的亏损股票在次年的收益率仅为5%,与其形成鲜明对比的是,那些被过快抛售的获利股票在次年的收益率为11.6%。

要是就这个问题去问老股民,他们的回答很有意思:抛掉赚钱的股票就是"落袋为安",实实在在地赚到了钱,而持有亏损的股票只是"账面亏损",一旦行情发动,这些亏损就会变成盈利。

经济学家也注意到这个现象,他们发现股票市场存在"性格效应":股民总是把购买价格作为参考点,而按照标准经济学模型,人们应该根据对未来价格的预期来买卖股票,而不是根据过去的价格买卖股票。另一种原因是"后悔效应":人们总是害怕后悔,一旦亏损的股票抛售后上涨,人们会感到极度后悔,而上涨的股票抛售后继续上涨,后悔则没这么强烈,因为这只是赚多赚少的区别。同时人们普遍觉得只要股票尚未出售,就不算真正的亏本。

关于这种现象最重要的解释来自行为经济学家丹尼尔·卡尼曼和特沃斯基的"损失厌恶"理论。根据这个理论,大多数人对损失和获得的敏感程度不对称,面对损失的痛苦感要大大超过面对获得的快乐感。

假设我们以100元一股的价格买进了某只股票,如果股价上升到了120元,那么我们就获得每股20元的收益,相反,如果这只100元买进的股票跌到了80元,那么我们就有了20元的损失。然而我们内心的感受并不与收益或损失的绝对值成正比,每股损失20元的痛苦会大于每股收益20元的喜悦,也正是这个原因使得我们总是倾向于抛售获利的股票。

这种因亏损惜售的现象不只发生在股票市场,经济学家基尼索夫和迈耶在2001年发现在房地产市场也有同样的效应,当售价小于人们的购房价时,业主显得很不情愿出售他们的房产,当房地产市场陷入低迷时,人们仍然倾向于过长时间地持有房产。

贰 技巧即是**财富**

经济学家萨缪尔森有次在麻省理工学院和经济史学家凯里·布朗共进午餐,萨缪尔森问布朗是否愿意抛一枚硬币,若正面朝上,布朗赢200美元,若正面朝下,布朗输100美元。布朗拒绝做出选择,他说:"比起赢200美元,我更不愿意输100美元,我才不打这个赌呢。"不过他又补充了一句:"我不喜欢只赌一次,但愿意赌100次。"也就是说布朗心里明白这种赌注对他是有利的。

"损失厌恶"又是怎么形成的呢?这是因为相同事物的边际收益是不同的,假设你手头有一个比萨饼,失去这个比萨饼而减少的幸福感(你可能为此挨饿),会大大超过再得到一个比萨饼的幸福感(再多你也吃不完)。

害怕损失的心理可能来自我们的进化过程:尽管收益能够改善我们的生产和繁衍前景,但是重大的损失能让我们彻底出局。例如穿越沙漠时,多一加仑水能让我们感到更舒服,而少一加仑水可能让我们面临灭顶之灾。

只有云知道

十多年前的一个夏天，杭州遇到少有的酷热天气。我的一个朋友向他女友许诺下了爱情。他发誓要在股市大干一番，让她过上幸福的生活。这天，女友买了西瓜顶着烈日去看他，没想到这位未来的巴菲特同志根本没去证券营业厅，而是在家和我们搓麻将，女侠大怒，施展了"家暴"，我们顺着墙根一个个灰溜溜地逃窜出去……

十多年后我想到这个故事，并非是要思考爱情的本质，而是想，如果我那个朋友是个经济学家，也许可以淡定地告诉她，今天天气太热，不适合股票交易。

天气和股市行情有着密切的关系。《新帕尔格雷夫辞典》一书中说："天气对于评估金融市场的信息处理能力肯定是有用的。"美国俄亥俄州立大学的经济学家赫舍雷弗指出，当空气湿度很大，温度很高，天气闷热，人很容易急躁、情绪波动大、头脑不冷静，因此高温酷热天气买入股票是不明智的。

除了酷热天气，阴雨天同样不适合交易。赫舍雷弗还发现晴天比阴雨天有更高的投资回报。他分析了1982年至1997年全球26个国家的股票市场资料，发现天气晴朗和每日股市收益有很强的正相关关系：在股票交易日的上午晴天比阴雨天股指更容易上升。

美国有个叫桑德斯的经济学家，在著名的《美国经济评论》发表了他的研究成果：他统计了从1893年1月1日以来纽约市的近100年天气资料，然后用这些天气指数和道琼斯工业平均指数等去比较，有了惊人的发现：天气和股价显著相关，也就是说天气越差，雨势越大，股市的交易量就下降，平均股价也下跌。桑德斯的结论是，在1927年至1989年间，降雨量对纽约证券交易指数的负面影响超乎想象。

据《新科学家》杂志调查，华尔街股市在晴天平均有24.8%的收益，而阴天只有8.7%的收益。对于全球股市而言，天气影响更明显，晴天股指上涨了45%，阴天却只有16.2%。

除了晴雨，经济学家们甚至发现云层覆盖率也和股票收益有关。比如桑德斯发现，纽约股票交易所的股票收益和曼哈顿地区的云层覆盖比率呈负相关，当地云层越多，股票收益越低。

那么天气对于中国股市有没有影响呢？还真有这么个研究

报告。在一份由国家社会基金资助的研报中，研究人员得出上海本地的天气对沪股影响的结论：天气对于沪市定价的影响是短暂的，不过，天气对于换手率和波动率却有明显影响。按照交易额上海的营业部占到了全国的16%，因此上海的天气就变得举足轻重。

尽管经济学家们言之凿凿，但股市大佬们不屑一顾，一篇《华尔街日报》的专栏就嘲讽道："忘掉一月效应吧，桑德斯教授找到了观察股市涨跌的更好指标，你只需要给气象台打个电话就行了。"

貳 | 技巧即是**财富**

当人人都在谈论房价时

有次同学聚会，一个同学提起了买房子的事情，结果一桌的人都热烈地加入了讨论，这个说房价还会继续涨，那个说最好还是买学区房，还有人说自己买了好几套房已经赚了上千万了……

我想起诺贝尔经济学奖获得者罗伯特·希勒讲过的一个故事：1999年美国股市接近顶峰的时候，几乎人人都在讨论股市。那时希勒和他的妻子打了个赌——当他们外出就餐时，希勒预言，他们的邻桌正在讨论股市。虽然希勒并不打算偷听别人的谈话，但是他还是很多次听到邻桌在说"股市"这个词。

从20世纪90年代末起，一种简单的想法占据了我们的思想，那就是房子是最好的投资方式，把钱投资房产是万无一失的好办法。房价只涨不跌，每一轮的房价上涨后，市场上只有两类人，一类是买到房子欢呼雀跃的人，还有一类是因各种原因没买房而扼腕叹息的人。

希勒和他的同事卡尔·克斯在波士顿、洛杉矶、密尔沃斯和旧金山四个城市对近期购房者做了一个调查，在这4个城市中，波士顿、洛杉矶和旧金山的房价经历了大幅度的上涨，而密尔沃斯的房价则较为稳定。希勒设计了调查表，让买房者回答一个问题：你是否同意，房地产是最好的投资工具？调查的结果是，那些房价高起的城市中，"完全同意"的比例要高于密尔沃斯，其中，"完全同意"比例最高的城市是洛杉矶，同时它也是房价上涨最快的城市。

从这个调查中我们可以看到，人们存在一种感觉，就是认为价格总是会不断上涨。即便看着价格接近"宇宙价"内心有微微的怀疑，但是看到周围人们的热情又会很快打消这种疑虑。这种一味相信市场的繁荣，而主动选择性忽视可能出现问题的反面因素，心理学家将之称为"如意算盘偏差"（wishful thinking bias）。

尽管专家言之凿凿地向我们指出，房价上涨是因为诸如"土地稀缺""城市化进程不可逆"，但我们仍然在房价的上涨中看到了"反馈环理论"：最初的价格上涨导致了更高的价格水平的出现，第二轮的价格上涨又反馈到第三轮，然后反馈到第四轮……诱发因素的最初作用被放大，产生了远比其本身能形成的大得多的价格上涨，这种反馈环也导致了股市的牛市产生。

人人都在谈论房价时，房地产投资就变成了一种流行文化。当我们看到价格上涨时，我们每个人会再次调整自己的信心和期望，突破原先设置的价格天花板，"如意算盘偏差"让我们不断放大利好消息，我们思考方式的变化感染了整个文化，这种文化又反过来进一步推动房价。

不过，当我们每个人都在眉飞色舞交流买房秘诀时，那个和你谈论股票的擦鞋小童正站在你的身后。（20世纪20年代后期，正值华尔街股市极度疯狂之时，华尔街传奇人物伯纳德·巴鲁克遇到擦鞋小童饶有兴趣地和他谈论股票。巴鲁克一回到办公室就把所有的股票抛售一空。）我们或许该冷静地想一想，此刻我们是否处于泡沫的顶端。

投资者的需求不可能永远扩大，当这种需求停止时，价格上涨也会停止，于是，泡沫开始破灭。希勒说：在那个时候（1999年）提起股市，被认为是一个可以接受的，甚至是令人兴奋的话题。5年以后，在公众场合提及股市就不再那么吸引人了，它甚至变成了一种侵扰，一种无礼的行为。

股民为什么会如此健忘

当股市处在熊市的时候，股民往往会遭遇巨大亏损，于是一个个都赌咒发誓：一旦回本就再也不碰股票了，可是一到形势好转赚了钱，顿时又喜笑颜开，把之前被套的痛苦忘得一干二净。所以有人说，鱼的记忆只有七秒钟，股民的记忆只有3个月。

股民为何会如此健忘呢？美国经济学家尤里·格尼茨等人曾做过一个实验，他们让一些学生解答一些相对简单的谜题，然后评估一下自己的答题能力。结果发现学生大多只记得自己成功的例子，而忘记自己失败的答题经历。在实验中，学生除了要对自己的能力进行评估，还要对自己能否成功解答下一题的概率进行下注，由于这种健忘导致的自负，学生普遍会夸大做题成功的概率。

从行为经济学来说，当人们做出一个诸如购买股票的决策时，会产生自尊效应，"我买这只股票可是我仔细研究过的""这个消息可是我最铁的哥们从内部打听到的"……人们对自己的决策往往自信满满。如果股票涨了，会进一步强化这种自尊，而一旦亏钱了，人们不会认为是自己的决策出了错，而是普遍会给自己的错误找理由开脱，诸如"个股选得可是没问题的，谁也想不到大盘会跌成这样""明明要涨的，一定是庄家在搞鬼"。

我们对成败的反应主要为情感反应，相对应的是愉悦感或挫折感，这些情感的反应最后都成为我们的记忆，而人的记忆是有选择性的，普遍都是重视生活中的正面事件，而忽视负面记忆。而我们评估他人时，往往较为准确，比如配偶往往会更清楚对方的炒股能力，准确地说出对方去年亏了多少，而我们本人却会乐于修正记忆，只记得自己赚到钱的投资经历。

那么这种对不愉快事件的健忘在生物学上有什么意义？当我们的祖先千辛万苦走到一片树林，结果不但没有猎物而且连野果都没有，我们的祖先不是该牢牢记得这种沮丧的经验，从而避免再次来到这个可能挨饿的地方吗？

以色列经济学家艾亚尔·温特说：尽管选择性遗忘会造成一定的伤害，但是遗忘负面的经历而产生的自负有几个重大优势。首先，自信的作用类似孔雀的尾屏，可以提高自己在社交场合的吸引力，从进化论的角度来说提高了最重要的交际——

即找到伴侣的可能性。其次，在资源和领地的竞争中，自负也能为个人带来优势，因为自信的表现可以威吓敌人，在实力均衡的状态下，往往更有自信的一方才能获胜。最后，可以促进乐观情绪的形成，客观促进行动，而行动有益生存。

美国古生物学家莱昂内尔·泰格尔说，当早期人类离开森林成为猎人后，许多人经历了伤残和死亡，所以培养乐观情感对人类来说是一种生物适应性，毕竟，抓住一头乳齿象（一种巨大的类似大象的史前生物）是需要很大勇气的。

当面对疾病等可怕消息时，乐观主义者比悲观主义者处理得更好，生存时间也更长，因此，乐观可能是一种极佳的生存策略。人类在艰辛的进化过程中，有目的地遗忘负面事件是一种生存优势。

当这种进化的痕迹来到股市，就成为股民对亏钱的健忘。这种选择性遗忘，对生存在野外的猎人或许是有用的，但是到了资本市场，常常容易被看不见的猛兽吃个精光。

被统计学家玩坏的彩票

彩票起源于一种税赋，常用于建造大型的土木工程。两千多年前的罗马帝国就通过类似的方法来修建公共设施，1753年英国就通过发行彩票筹措资金修建了大英博物馆。

18世纪初，法国在卖债券时搭售彩票，彩票奖金巨大，足够中奖者舒舒服服地生活几十年。数学家马利·拉孔达明发现财政部副部长福茨对彩票期望值计算有误，只要大量购买彩票，就肯定能大赚一笔。于是他组织了一个包括伏尔泰在内的"彩票购买团"大量购买。当政府发现这个漏洞并且终止时，拉孔达明与伏尔泰已经赚到了足以安享余生的钱。

1990年，有个叫斯蒂芬·科林塞维奇的会计师，发现只需要花费100万英镑就能买到爱尔兰国家彩票的所有数字，这能保证开奖的时候至少有一张中头奖。于是科林塞维奇召集了28

人组成了一个团队,他们在6个月的时间里填写了成千上万张彩票。当期的彩票总奖金额为170万英镑,科林塞维奇的团队果然中了一注头奖,只是他们的运气欠佳,还有其他两人也中了当期的头奖。

莫汉·斯里瓦斯塔瓦是多伦多的一位统计学家,他的偶像是破译纳粹德国洛伦兹密码机的比尔·图特。2003年6月,有人给了他一张刮刮卡,只要有三个符号连成一线就能中奖,这次他中了3美元。

斯里瓦斯塔瓦曾在一家矿产公司担任顾问,主要工作就是搜寻隐藏在地底下的金矿,这次他对隐藏在刮刮卡铝箔下那个3乘以3方格中的数字产生了兴趣,他买了一捆刮刮卡,仔细研究其中的规律,这次他发现了一个可靠且合法的办法寻找到能中奖的刮刮卡。

斯里瓦斯塔瓦对发财没有兴趣,他直接打电话给彩票发行处,尝试告诉他们自己的发现,然而工作人员只把他当作脑子不好使的赌徒不予理睬。于是斯里瓦斯塔瓦将20张未刮开的刮刮卡分成两组,一组是会中奖的,一组是不会中奖的,然后把它们邮寄给了彩票发行的安全团队。当天晚上,彩票发行处打来电话说:"我们需要谈谈。"

麻省理工学院数学专业有个叫詹姆斯·哈维的学生快要毕业了,他要为最后一学期寻找一个项目,在这个过程中,他迷上了彩票。

技巧即是**财富**

Cash WinFall是麻省彩票处2004年发行的一种彩票，这种彩票有个规则，就是如果一直没有开出头奖，那么奖金会转到下期。当头奖奖金累积至200万美元还没有开出后，则奖金停止累加，转而提高其他小奖的金额，彩民则称这周为"阳光普照周"。

哈维发现Cash WinFall有很多漏洞，比如在"阳光普照周"购买一张2美元的彩票平均预期能得到2.3美元的奖金。他首先尝试性地购买了1000美元的彩票，结果获得3000多美元的奖金，在接下来的几年中，哈维成为职业彩民，并成立了一家随机策略投资公司。

2011年，美国媒体报道了一个被上天宠幸的彩民琼·金瑟，她在1993年至2010年间共赢得4次彩票头奖，获奖的奖金高达2040万美元。如此好的运气让人羡慕，但是金瑟对她为何多次中奖始终保持沉默。

也许你已经猜到了什么，没错，琼·金瑟还是一位统计学博士。

股市真的有黄道吉日吗

2017年诺贝尔经济学奖获得者理查德·泰勒讲过一个故事：有一份名为《经纪人年鉴》（Broker's Almanac）的杂志，这份杂志在每年12月出版，它的内容和中国的老皇历有点像——预测下一年中哪一天是黄道吉日宜买入股票，哪一天宜卖出股票，它使用的方法是为这一年的每一个交易日都用1到5美元这样一些记号做标记（1美元就是行情最差，5美元就是行情最佳）。

这本"华尔街皇历"一直默默无闻，投资者对它不屑一顾。然而在1987年10月19日这天却声名鹊起。在这个黑色星期一，美国股市发生崩盘，道琼斯工业股票平均指数下跌500点，跌幅达22%。事后人们惊奇地发现，这本杂志在这天标记仅为1美元。

贰 | 技巧即是财富

一位火箭专家出于好奇把这份杂志过去发行的各期拿到手,研究它的预测结果,让他感到震惊的是,在特定的日子,这份杂志给出的美元预测结果与这一天股市的实际收益存在显著的相关性。

股市中真的存在"黄道吉日"吗?泰勒说:"真正的原因是股票市场的确存在日历效应。"如果你了解这些效应,就会明白《经纪人年鉴》的秘密。

首先你应该把年历中1月份的收益普遍调高。经济学家罗泽夫和凯尼发现,1904年至1974年,纽交所的股票1月份的收益要比其他月份高很多。1月份的平均收益是3.5%,而其他月份的平均收益只有0.5%,几乎三分之一的收益来自1月份。

在一周中,你应该调高星期五的收益,调低星期一的收益。经济学家弗兰克·克罗斯研究了1953年至1970年间标普500指数的收益。他发现,在星期五指数上升的占62.0%,而星期一指数上升的情况只占39.5%。星期五的平均收益为0.12%,而星期一的平均收益却是负0.18%。

节假日也是个特别的时间,你应该把假日前的日期调高收益。经济学家罗伯特·阿里尔调查了1963年至1982年160个假日前一天股票的收益,他发现,假日前的平均收益为0.529%,而其他时间的收益只有0.056%,假日前的收益比平时高出了九倍。另两位经济学家拉克尼索克和斯米特对使用了长达90年的道琼斯指数重新研究这一结论,他们得到的结果是,假日前的平均收益为0.219%，平时的收益为0.0094%，假日比平时高出二十三倍。

另外，在月度转换时期股票的收益也很特别。罗伯特·阿里尔同时还研究了股票的月度收益模式，他把一个月分成两个"半月"，他发现在1963年至1982年间，所有的收益都来自前一个"半月"，后一个"半月"的收益是负的。拉克尼索克和斯米特发现，处于月度转换期间的四天，股票的总收益是0.473%，居然比平均每月的0.35%的总收益还要高，换句话说，除了月度转换这4天，道琼斯股票在每月其他时间都在下跌。

你甚至可以把这本皇历精确到分钟。经济学家劳伦斯·哈里斯发现，除了星期一开市头45分钟的交易当中股票价格在下跌，而在其他交易日，股票在开市后头45分钟价格迅速上涨，同样，每个交易日最后时刻的交易收益很高，特别是最后一笔交易。

掌握了这些原则，也许你也能编写出一本让人刮目相看的投资皇历，手持罗盘在华尔街开业。

股市"赏恶罚善令"

在金庸的小说《侠客行》中，江湖上每过16年，龙木岛主都会派"赏善罚恶"二使前往武林各大门派分发"赏善罚恶令"，邀请武林各大门派的掌门人前往侠客岛赴约。

如果《侠客行》的故事发生在股市，估计龙木岛主分发的将是"赏恶罚善令"，而托尼·戴伊就拿到了这个令牌。

1996年，英国富时100指数到了4000点。著名的基金公司Philips & Drew的首席投资官托尼·戴伊得出结论，股市的价值被高估了。他将客户的大部分股票抛出。然而富时指数继续攀升，戴伊完全就像个傻子。1999年，该公司是失去客户最多的基金公司，这一年它在67家同行公司中排名倒数第二。于是公司让戴伊卷铺盖滚蛋。2000年，股市崩盘，戴伊的策略被证明是有远见的，Philips & Drew的业绩坐上了火箭，迅速升至基金排行榜的第一位，这都归功于那个失业在家洗碗擦地的男人。

其实并非戴伊独具慧眼，只是股市的"赏恶罚善"的规则，让股票经纪人和基金经理开启"贪婪模式"，而不顾投资者长远利益。他们面对的是一种倾向性的激励机制，要是他们决定采纳与大众不同的独立观点，成功的话，他们将赢得几个客户，而失败的话，他们就会像戴伊一样失去工作。

因此，股票经纪人和基金经理更多的是随大流。他们可能会考虑下周、下个月的情况，关键是你和竞争对手比较，你自己当下的表现如何。你只需保证短期内不出问题即可，可是一旦眼下出现任何错误，客户会辞退你，媒体会挖苦你。

如果你是个经纪人，在6000点买入了股票，股市却崩盘了。这情况真是不妙，客户破产跳楼了，公司损失了一大笔钱，自己也不能去买早已看好的玛莎拉蒂汽车，但是这没什么，老板会拍拍你的肩，天有不测风云啊，再说大多数同事都犯了这个错误。回顾历史，最近的三次股灾中，华尔街证券公司的雇佣率降低了20%，也就是说，你还有80%的机会保住工作，也许要不了不久，你就又能开着玛莎拉蒂带着靓妞兜风了。

可是如果你将股票抛出，股价却仍然在涨，这无疑是场灾难（即便长期来说这有多明智），同行的表现大大超过了你，所有的人都会在背地里给你取绰号，当你是个傻子（戴伊的绰号就是末日博士)。你会和戴伊一样被辞退,在这个圈子里,你将无法把自己推销出去,只能去写经济专栏和我抢饭碗。

股市"赏恶罚善令"同样可以解释当下创业板的暴涨。越来越多的基金管理人有着相仿的教育背景、相似的年龄段,这使得他们的行动非常一致:在相对收益考核机制的压迫下,不惧回调(要死一起死),却惧怕上涨时跑不赢别人。因此,当这些基金获得越来越多的弹药以后,他们会用抱团的形式投向以创业板为代表的新兴行业。

不会有人敲着锣把擦地板的戴伊请回来,谁让他不按规则出牌,正如经济学家约翰·凯恩斯所说:"在市场回归理性前,你可能已经破产了。"

史上最牛的投资团队能赚到钱吗

1994年,曾经在所罗门兄弟公司声名鹊起的约翰·梅里韦瑟自立门户,创立了"长期资本管理公司"。这家公司阵容耀眼,之后也不曾有这样"豪华"的组合:两位日后获得诺贝尔经济学奖的金融学家——迈伦·斯科尔斯和罗伯特·默顿;曾经担任美国联邦储备委员会副主席的戴维·马林斯;多位曾在所罗门套利小组工作过的麻省理工博士。

当这个投资界的"梦之队"闪亮登场后,立刻吸引了各路投资者。长期资本管理公司的要求很苛刻,起步100万美元,并且收取的管理费包括资产的2%和利润的25%。即便这样,投资者也趋之若鹜,很快,公司筹集到了超过10亿美元的资本。

公司的业务是对历史上具有相关性的债券、股票和抵押贷款进行了复杂的交易,其他交易涉及期权和一些证券。资产的价格取决于人们感受到的风险，当其他投资者认为风险变大时，资产价格就会发生变化，这时长期资本管理公司就会下注，因为公司觉得人们感受到的风险很快会回到历史的正常水平。公司的策略就是买入相对便宜的资产，卖出相对昂贵的资产，利用其中的落差赚取利润。

1997年，迈伦·斯科尔斯和罗伯特·默顿联合获得诺贝尔经济学奖，这要归功于他们在"布莱克—斯科尔斯定价模型"上的贡献，它能让交易者根据理论去辨别出什么时候的期货定价不合理。一种新型的"套利获得者"产生了，所有人都能靠着该模型不费吹灰之力赚钱，至少在一段时间内是这样的。

1998年年初，长期资本管理公司走向人生巅峰，当时的净值接近50亿美元。然而到了8月，发生了一场预料之外的风暴，俄罗斯债务出现违约，各个金融市场的风险预测值都出现上升，长期资本管理公司坚持认为这仅仅是时间问题，只要等待足够的时间，金融市场就会恢复正常。于是他们在许多不同的市场大量押注。

然而，他们已经没有时间了，曾经带来巨大利润的杠杆这次带来的是巨大的损失，公司仅在8月21日就亏损了5.5亿美元，整个8月，他们亏损了21亿美元，将近公司净值的一半。公司想尽办法筹措更多的资金来度过这场危机，然而投资者如惊弓之鸟不再愿意掏出一分钱，而宁愿眼睁睁看着它一步步走向灭亡。

9月23日，沃伦·巴菲特给长期资本管理公司发去一份冷酷的传真，提出以2.5亿美元收购的建议，并且附带两个条件：第一，不接受讨价还价；第二，当天中午12点半过期。这离传真发送的时间只隔了一个小时左右。长期资本管理公司高傲地拒绝了巴菲特的建议，于是，葬礼开始了。公司被破产清算，创始合伙人损失了19亿美元。

另一位诺贝尔经济学奖获得者默顿·米勒后来说："长期资本管理公司的灾难是否仅仅是个别现象，单单是运气太差，还是说这些灾难就是使用了布莱克—斯科尔斯定价模型的必然后果，这个模型也许给了市场中每个博弈者能够同时规避风险的幻觉。"

布莱克—斯科尔斯定价模型也许并没有错，但是当市场中每一个实力雄厚的投资者都依赖该模型后，就很容易演变成一场灾难，每个人手上都是相同的资产，当市场变化时，人人都要抛售以迎合债权人，但市场的另一头没有人愿意购买，于是灾难就发生了。

金融市场中迷信有道理吗

20年前,里昂证券的风水大师发表了首份股市风水报告,意外猜中当年恒指的主要转折点,从此一炮而红。不过接下来就没这么好运气了。比如2011年,该行预计该年股市行情看好,但最终亚洲地区各大指数下跌两成左右(如果听从了大师的建议,估计只有哭爹喊娘的份)。

但所谓风水轮流转。里昂证券的风水大师2012年年初预测:龙年的恒指6月份跌幅明显,8月份起将出现转机,升势将持续至10至11月份,股市宛如一条巨龙从深渊快速升起。"2012年属水龙年,龙年代表权力交接分水岭,所以预料港股先低后高。"离奇的是,龙年的风水指数报告居然相当靠谱。恒指在6月份跌至全年最低点,接下来的走势的确是"龙跃深渊"。

不过这并不能代表什么。如同很多电影的开头："如有雷同，纯属巧合。"著名的投行高盛曾通过回归分析法对日月食与金融市场价格的关系进行了验证，结果发现日月食与日本股市及美国国债收益率确实存在统计上的联系。不过高盛比较有自知之明，他们承认，随机抽样的数据也能找到类似的关系，所以此结论不能证明金融占星学是成立的。

几年前，哥本哈根的一个金融学教授加布里埃莱·莱波里查阅了纽约证券交易所指数、标准普尔500指数、道琼斯综合指数，以及道琼斯工业平均指数80年来的数据，试图找出那期间362次日食和月食对投资决策和经济的影响。莱波里说："股市是迷信的温床。"他发现，在被认为不吉利的迷信事件发生期间，比如日食月食，股市收益也会低于平均值。

新加坡学者简明（音）、张淮（音）和美国学者大卫·赫舒拉曾一起发布了他们对中国IPO市场1991年到2005年数据的研究报告，指出了数字迷信跟金融决策的关系。他们发现股票上市代码里幸运数字出现的频率高于概率，而且越是大企业代码里幸运数字越多。例如，在深圳交易所里，股票代码里幸运数字出现的频率比实际概率高出22%，不吉利数字出现的频率则比实际概率少了17%。

不过幸运数字可能并不管用。在上海证券交易所，中国银行的股票上市代码是601998，包括了幸运数字6、8和9。投资者会倾向于买入代码中有幸运数字的股票，这导致了股票最初的估值溢价偏高。而这也导致了在上市三年后，代码里有幸运数字的公司回报率比其他公司平均低6%左右，用以纠正最初的估值溢价偏高。

英国科学促进会也曾做过一个实验，让一位金融占星师、一位资深分析师以及一个小屁孩展开股市投资PK。占星师仔细研究了各家公司的设立日期，并夜观天象，很快确定了自己的投资领域。分析师凭借七年的丰富经验，也锁定了投资重点。只有那个孩子对股票是随机挑选的。不料随后的一周，股市出现了剧烈波动，无论是金融占星师还是资深分析师都没有预见到这场风暴。最终小屁孩以最小的损失赢得了比赛。

好在人家是占星算命的，靠的就是嘴巴灵活。这位金融占星师很快给自己找到了台阶："如果我事先知道那个小孩是巨蟹座的，我根本就不会参与这场比赛。"他将投资失利的原因依旧归结于星象。

炒股能听专家的话吗

1999年3月16日,美国道琼斯指数盘中首次突破10000点大关。

当时正值网络股泡沫膨胀期,股民对股市充满期待,受形势感染的专家便开始大胆预测。

两位美国经济学家格拉斯曼和哈塞特在这年写了一本畅销书——《道指36000点》,副标题为"在即将到来的股市上涨中获利的新战略",该书的作者并非等闲之辈,格拉斯曼后来还担任过美国证监会投资顾问委员会委员,而哈塞特更了不得,现任特朗普政府的白宫经济顾问委员会主席。两个专家一致认为道指在当时升至36000点的高度完全没有问题。

然而天有不测风云,道指在冲破万点大关后,随即由于网络泡沫的破灭而一路走低,一直等到2003年年末道指才再次突破万点，到了2008年的金融危机来临时再度跌破10000点，最低时跌到了6800点，该书出版近20年后的2018年，道琼斯指数才刚刚突破25000点。

不过格拉斯曼和哈塞特绝对不是最不靠谱的专家，这条路上有人前赴后继。一个叫戴维·伊莱亚斯的美国专家在1999年写了本更劲爆的书——《道指40000点：从有史以来最强牛市获利的战略》。呵呵，有史以来最大的赚钱机会就在眼前，你所要做的就是把所有的钱全部投入股市，然后等待，再然后就是点钞票。

伊莱亚斯还绘声绘色地写了一个关于他朋友乔伊的故事："1982年当道琼斯指数刚刚超过1000点时，乔伊打电话告诉我，他在寻找合适的时机进入市场。过了这么多年，他仍在寻找一个绝佳时刻的反弹点，现在乔伊已经62岁了，还把钱放在大额银行存单中，他错过了整个牛市及其数个'千点'里程碑。到现在乔伊还没有意识到根本不存在所谓的绝佳时机——当股市从反弹点恢复之后，就会冲向新高。"

没有最高，只有更高。既然有人预测了40000点，那么干吗不更高点呢？没有爆炸性的观点读者怎么会买账呢？这一年，一个叫查尔斯·柯德雷的专家隆重推出了他的新书《道指100000点：趋势还是奢望》，在这本书中，柯德雷提出了一个诱人的前景：全球经济会进入一个安定繁荣持续发展的无通胀时代，他详细解释了股市上涨九倍的美好前景，以及股民应该如何从中获利。

另外，一大批有头有脸的专家开始在各种节目和报刊上抛头露脸。

1999年12月7日，Firsthand共同基金的投资经理凯文·兰蒂斯出现在CNN电视台的《货币在线》访谈节目中。当被问到电信股是否被高估时，他回答说："这不算过分。看看它们的高速增长，其增长的绝对价值是非常大的。"然而，从2000年到2002年，兰蒂斯最钟爱的通信股诺基亚下跌了67%。

2000年1月18日，Kemper基金的投资战略分析师罗伯特·弗勒利希在《华尔街日报》撰文宣称："这是一种新的世界秩序。我们看到，由于害怕股价太高，人们把令人满意的公司的股票抛售了，这是投资者所犯的最愚不可及的错误。"两年后，弗勒利希最看好的股票却暴跌70%以上。

不过专家到底是专家，他们不会认为自己的预测出了错，错的是市场。"我没有错，只是这一切还没发生，"《道指36000点》的作者格拉斯曼18年后这样理直气壮地对记者说，"市场到底需要多久才会意识到道指36000点是完全合情合理的，这一点根本无法准确预见到……然而，关键并不在于市场要多久才能涨到36000点，而是在于我们必须理解今天的股市是被大大低估了。"

贰 | 技巧即是财富

哈利·波特一家是怎么理财的

哈利·波特1岁的时候，父母被恶魔杀害。在他10岁生日时，收到了一封信，告诉他已经被霍格沃茨魔法学校录取。尽管收养他的姨妈一家不希望他去，但这无法阻止巨人海格把他从家里带走。

就像上梁山落草要备上快刀好剑，去魔法学校也要备上一身行头。于是海格带着哈利去伦敦买点魔法行头。在购买东西前，海格和哈利去了一家银行，取出哈利的父母留给他的一些遗产。

在魔法世界里，银行由恶魔们经营。银行是一幢高大的建筑，他们走进一间由大理石铺成的大厅，里面有100多个小妖精坐在柜台后面的高脚凳上，这些和一座现实中的银行也没什么两样。在检验了凭证后，一个妖精照着灯带着他们来到目的地，转动钥匙，绿色的烟雾弥漫开来，同时大门打开。在一个没有窗户的房间里，放着成堆的金加隆、银西可（魔法世界的金银货币）。哈利看到这番景象难以置信。

那么哈利·波特的父母把这些金银币堆放在保险库里，它们没有产生任何利息，并且还要为此付出不菲的管理费用（从银行锃亮的地板到小妖精们的制服都要花钱），这是否明智？

如果是巴菲特肯定会反对这样做。他说全世界的黄金放在一块儿（库存量约17万吨），大概可以铸成一个高67英尺（泰坦尼克号船头这么大）的金疙瘩，其价值可购下美国所有的农田，再加上16个埃克森石油公司，还有1万亿美元流动资金。农田可以种玉米小麦，石油公司可以给股民派息，但这17万吨的黄金连个屁也生产不出来。

巴菲特可能有些偏激。回答这个问题，就要看哈利·波特所在的那个世界里是否存在通货膨胀。当魔法世界里存在量化宽松（QE）或恶性通货膨胀时，那我们得感叹哈利父母的明智。如果英格兰央行开动印钞机，哈利的父母将金银兑换成货币存入银行，其利息收入可能抵不上通胀损失。而黄金则不同，比如最近15年（2002—2017）黄金价格从每盎司300美元涨到了1200美元，哈利的遗产会大大升值，这些钱甚至可以让哈利穿着钢铁侠的行头去上学了。

不过哈利的父母没这么好的运气。在哈利出生时（1980年7月）存入黄金或许是个悲剧，当时伦敦的金价是每盎司660美元（正值第二次全球石油危机，黄金处在历史高位），而10年后的金价回落到370美元，哈利拿到的遗产大大缩水了。

在理财这件事情上，哈利的父母真的是个"麻瓜"吗？他们也可以选择房地产。伦敦四环以内的房地产升值很快，但考虑到房产商都长着一张臭脸，并且房子很容易被伏地魔摧毁，所以他们没有加入炒房团。

那么哈利的父母为何像中国大妈一样热衷于储存黄金？台湾经济学家赖建成对中国人偏爱黄金的传统解释道：中国人的习俗里，长辈与诸亲友给新生儿的礼物，最常见的就是黄金：金元宝、金项链、金手镯……在象征吉祥如意、长寿百岁的祝福之外，其实这是家族成员对新加入者所提供的一项"逃难基金"。几千年来兵刀水火的血泪教训，这个民族早已充分认知"天命无常""富不过三代"，给新生儿的礼物，还有什么比黄金更具有"急难救助"的功能？

中国多灾多难的历史让人们对金银有着特殊的偏好，所以中国大妈即便可能遭受着华尔街恶魔的屠戮，也要冲进金饰店扫货，这种冲动正是来自这个民族的集体记忆。同样，哈利的父母也为哈利准备了一份"逃难基金"。世界越是动荡不安，妖魔出没，他们就越倾向于选择金银。

太太们的理财风险偏好

简·奥斯汀终身未婚,后半生不得不依靠亲属生活,她深知财富是生活的唯一保障,因此奥斯汀一生的投资理财决策可谓非常谨慎,比如购买信用良好的英国海军债券。

经济学家早已注意到这种单身女性投资理财中厌恶风险的偏好,相对于已婚女性,那些单身女性则会更加规避投资风险性资产。

哥伦比亚大学温哥华经济学院经济学教授阿丽娜·艾德谢德对这两类人群的风险偏好差别产生原因是这样解释的:如果我们把丈夫当作另一项资产,与股票、债券和不动产合并作为投资组合的话,这时的丈夫应该是一项低风险资产。正是这种额外的低风险安全资产加入了已婚女性的投资组合,她们就有理由去购买风险更高的资产来平衡自己的投资。所以说已婚女性并不是真的比单身女性缺乏谨慎性,她们只是从另一个角度来看这个问题。

不过,经济学家还发现这两类人之间的风险偏好也在发生微妙的变化。

意大利经济学家格拉齐耶拉·贝尔托琪等人的研究发现,早在20世纪90年代,存在于意大利单身女性和已婚女性之间风险规避的差距实际上变大了,也就是说,已婚女性越来越成为风险偏好者。研究者认为,这起始于已婚女性开始大量进入劳动力市场,像男性一样赚钱和投资,她们觉得家庭经济有了双重保障,因此在理财上更愿意承担风险。

不过到了21世纪一切又开始改变,这种风险规避的差距变得越来越小,已婚女性在做投资决策时,越来越和单身女性接近,她们的行为更倾向于规避风险。

为什么会发生这样的变化呢?

答案是意大利从2000年到2002年离婚率惊人地上升了45%,也就是说,婚姻的风险大大加剧了。如果丈夫是一种债券的话,那么这种曾经是低风险的"丈夫债券"产生了剧烈的波动,它正从最高等级的AAA评级沦为垃圾债。在已婚妇女的投资组合中,不但有股票、不动产,还有这种"丈夫垃圾债",于是投资的风险大大增加了。

当一个社会的离婚率居高不下时,已婚女性和单身女性之间的风险规避差距便会不断收缩,已婚女性会调整她们的投资组合，加大投入低风险资产以平衡她们的"丈夫债券"带来的风险。那些感到婚姻危机的家庭主妇会倾向选择更保值和低风险的资产，比如倾向为自身购买保险，或者组成"太太炒房团"购置不动产。

原来太太们投资风险偏好不是来自电视新闻中的GDP数字，也不是经济学家公布的采购经理人指数（PMI），而是家里那个把脚跷在茶几上看足球比赛的男人。

"外来的和尚"为何更好念经

有一所私立学院想找一个新的院长,在所有内部候选人中遴选委员会都觉得他们不够优秀,于是委员会把目光放得更宽,他们在全国范围内挑选候选人。

经过层层选拔,遴选委员会找到了三个非常优秀的人选,这三人被邀请到了学校,在接下来的日子里他们将和教员、行政人员和学生相处。委员会对三人抱有极大的热情,唯一苦恼的只是不知道三人中究竟哪一个更优秀。

然而接下来的事情出乎人们的意料,和到来之前的大肆宣传相比,这三人的表现令人失望,他们并不比内部候选人更优秀。

那么在遴选中,人们为何对外部人要比对内部人会有更高的评价呢?美国统计学家加里·史密斯认为,这只是一个普通的统计学现象。他说，这不过就是"均值回归"的一种体现。

"均值回归"是指所有的事物（如身高、成绩等）都会向中间值回归的现象。我们常说的"冠军魔咒""《体育画报》封面魔咒"等，都是因为在上一赛季表现出色，成为冠军或者成为《体育画报》封面人物，而在下一赛季不可避免地会出现成绩回落（回归均值）。

挑选学院院长这件事也一样，外部人出色的简历，会让他看上去比实际水平（表现均值）更高，当他们到达新岗位时，表现出来的实际能力和求职简历或短暂面试的表现相比，必然会产生回落。同样的道理，均值回归还能解释为何内部候选人会处于固有的劣势地位，这是因为一个人在一个单位待了十几年几十年，就很难有可以隐藏的优缺点，因此他们所表现出来的能力（平均能力值）和人们知道的基本一致。

"均值回归"在生活中几乎处处可见。在电视上相亲的男女牵手成功后，很大的概率是在台下迅速分手，因为他们在台上所表现出来的是高于自身平均水平的气质、爱好、品质和能力（我们对他们的缺点几乎一无所知），一旦到了台下实际生活中，他们不可避免要回落到平均水平，彼此不免互相感到失望而分手。

道琼斯工业平均指数是代表美国最优秀公司的30只蓝筹股票的平均价格，能够编入道琼斯工业平均指数本身就说明了这家上市公司的优秀，按照道琼斯公司的说法："这些重要公司以其产品或服务的质量被广泛承认而著称,拥有强劲而成功的增长历史。"

入选的30家公司也经常发生变化,有的是因为发生购并,有的则因后期表现不佳"落榜"被剔除。那么如果当一家正在衰落的公司被一家蒸蒸日上的公司取代时,你认为哪只股票接下来表现更好?

真相和你的直觉可能相反,2006年的一项研究考察了1928年10月1日道琼斯30只股票平均指数诞生以来的所有50次更改,发现在32次更改中,被删除股票的表现优于替代它们的股票,只有18次更改中被删除股票不如替代它们的股票,这其中的道理就是"均值回归"。

打破"女性的天花板"

梁山一百单八将中，女汉子一共有3人，占比2.8%，并且排名都很靠后。考虑到梁山好汉主要是从事打家劫舍的高风险工作，这个比例尚可以接受，然而在英国百强公司中，却只有4位女性首席执行官，这个比例就让人感到奇怪，莫非CEO这个职业也需要抡板斧比蛮力？

很多企业都希望让女性进入董事会，女性可以帮助企业在领导层构成方面更多样化。然而在最高管理者这个级别，企业要么不希望，要么找不到女性人才。

希拉里·克林顿曾推出名为"打破玻璃天花板"的计划，希望为女性争取权利。她说："太多女性面临玻璃天花板，使她们无法施展野心和抱负。"那么究竟是什么原因把女性阻挡在高管的门外，这块"天花板"又是怎么来的？

格尼茨等三位美国经济学家通过一系列实验，解释了性别歧视以外，女性很少能做到最高层的原因。测试者首先被邀请在电脑上玩迷宫游戏，每个从迷宫中走出来的人都会获得奖励。在没有直接竞争的情况下，男性和女性的表现没有显著差异。

随后，奖励机制做出了调整，测试者被分成6组，只有每组表现最好的人才能获得奖励。这时男性受到激励走出了更多的迷宫，而女性却没有变化。然而在同性别的组中结果是不同的，当女性在和同性竞争时，她们表现出和男性类似的竞争性。

格尼茨等人总结道："不是竞争压力使女性表现变差，而是她们不愿意和男性竞争，消减了她们的竞争意识，这也是她们很难在高层位置上工作的一个主要原因。"

那么这种回避竞争的心态是怎么来的？心理学家用"耻辱理论"来解释这种行为：如果在一项活动中，由于自己身份的差异可能遭到歧视时，人们会回避这种活动。在这里，可能是女性在男性面前不能维护自身权利的偏见在起作用。

在格尼茨等人另一个著名的实验中，测试者被要求往桶里扔球，每成功一次会获得一笔奖金，在这个测试中男性和女性做得一样好。

第二个选择是彼此进行一场对抗赛，赢者将获得原先三倍的奖励，输者一无所有。实验结果很有意思，在父系社会坦桑尼亚的马赛部落中，男性一半选择竞争，而女性只有25%参与竞争。而在印度的母系社会卡西人部落，女性占有支配地位，同样的实验中，超过一半的女卡西人选择了竞争，而只有40%的男卡西人更喜欢竞争。

对于渴望竞争的差别，性别因素只是次要因素，社会因素才是最主要的。因此，男人们无须扬扬得意，经济学家克劳迪娅·戈尔丁的研究就表明，当以男性为主的一些美国一流乐团，在招新时引入"盲试"时，女性获得录取的可能性为男性的好几倍。

贰 技巧即是财富

钱多活少路近,你该怎么选

假如有一份工作,钱多、活少、路近,你自然会乐开了花,但这样的工作只存在于完美的假设中,那么在现实生活中,我们该如何权衡这些因素呢?

在我们年轻的时候,钱多可能是第一位考虑的。但如果你只是冲着钱去,恐怕也很难得到你想要的幸福生活。

1975年到1995年间,美国人均收入实际增长了近40%,但美国人在这一时期并没有感到更幸福。尽管拥有了等离子电视机、游戏机和第三辆小车,但是人们并没有对生活感到比30年前多一丝半点的满足。

美国经济学家理查德·伊斯特林早在1974年就注意到这一现象:财富和幸福的关系,只有在贫穷国家总体生活满意度才与平均收入呈线性增长关系。只要最低生存标准达到了,这种相关关系很快就会瓦解。伊斯特林依据当今的美元价值（购买力）在15000美元到20000美元之间画了一条线，在这条线以上，收入对人们的幸福指数几乎是没有贡献的。

然而你或许会对这个理论存疑，同学会上那些收入比你高得多的同学，开着好车，也买了房子，出尽了风头，而你内心落落寡欢，虽然可能你们都在那条线上，为什么彼此差距这么大呢？

20世纪美国自由思想家H.L.门肯说："富人是一个比他的亲戚每年多赚100美元的人。"门肯还说过一句很经典的话："一个人对工资是否满意，取决于他是否比他老婆妹妹的老公挣得多。"

传统经济学用来做参考的绝对收入，对人们的生活满意度的影响当然不是微不足道的，但是幸福学研究专家发现，大多数人主要关心的是他们相对于其他人的境遇。

科学家莎拉·索尔尼克和戴维·海明威曾做过一个广为人知的实验：他们问学生更愿意生活在哪一个世界里，一个是他们有5万美元收入，而其他人只有他们一半的收入；另一个是他们有10万美元的收入，而其他人的收入是他们的两倍。结果大部分人都选择了前者，尽管选择后者其收入会得到明显的提高。

接下来我们说说"活少"这件事。

那些在华尔街投行拿高薪的精英都是在没日没夜地工作，

中午和你还在香港吃饭,晚上却在北京谈业务。假如你找到一个钱不多但活少清闲的工作,你觉得如何?

事实上,也会有大量的人强烈不满。因为人们很少会去对比每小时工资,而是对比年收入。另外,工作清闲同样意味着在工作中学习和磨炼的时间少了,而别人有机会对某一项工作或课题反复研究。

某个著名小提琴家的演奏赢得满堂喝彩,一个观众赞叹地说,真羡慕你有这么好的演奏技能,我要也能把小提琴拉得这么好就好了。小提琴家问,你愿意每天拉十个小时的琴吗?根据统计,当我们在某样事物上花费达到1万个小时,才能成为某个领域的专家,因此,时间的付出其实是有收益的,而清闲也是有成本的。当你清闲的时候别人在突飞猛进,因为你的清闲,会拉开日后和他人的距离。

再说说最后一点,离工作地点的距离远近。

瑞士经济学家布鲁诺·弗雪和阿洛伊斯的研究发现,受试者通勤时间越长,他对自己生活的满意程度就越低。我们以0分代表彻底不满意,10分代表完全满意,去上班路上的时间少于10分钟的人对生活的满意程度能达到7.24分。通勤时间每上升19分钟,满意度会下降0.12分。一个人去上班在路上每天要花费45分钟,则需要再赚380美元,才能达到不用耗费这么长通勤时间的同事的生活满意水平。

事实上,你生活在大城市,路上花费超过一个小时再正常不过了，因此收入的差异和上班距离的长短是一种权衡。如果你还是拿不准，不妨听听经济学家是怎么说的——如果你在这之间取舍感到为难，那么就以上班时间短为好。因为如果你选择更多的收入，你就会很快习惯这份高收入，久而久之，你就几乎不会注意到它。但是，你绝对会注意到，每天必须忍受的长途通勤。

在高薪和工作条件、通勤时间之间并没有一个可以参考的公式，具体取决于你的个人偏好。但是越来越多的经济学家认为，较高的薪水会给人带来一小段时间的快乐，而反过来勉强接受不利条件将会给人留下日复一日的痛。接受高薪而选择承受较差的工作条件，那同时可能会对家庭生活形成压力，也可能是一个严重的错误。

福尔摩斯与金融危机

福尔摩斯擅长观察人的衣着和外貌,并且能从一个人的衣着推断他的身份,最神奇的故事发生在《蓝宝石案》中。福尔摩斯捡到了一顶帽子,他说:"从帽子的外观来看,很明显这个帽子的主人是个学问渊博的人,而且在过去三年里生活相当富裕,尽管他目前已处于窘境。他过去很有远见,可是,已今非昔比……这个人一向深居简出,根本不锻炼身体,是个中年人,头发灰白……顺便再提一下,他家里是绝对不可能安有煤气灯的。"

我们可能没有福尔摩斯这般高明的推理能力,但是只要对身边的人群细心观察,可能也会看到不一样的东西。

丹尼·摩西是华尔街的金融专家,他还管理着一个对冲基金。丹尼每天要坐开往曼哈顿区(华尔街所在地)的早班列车,而他对车上乘客的观察,堪比福尔摩斯。

丹尼·摩西说:我乘坐的列车上金融界人士的占比是95%,如果他们拿着黑莓手机,他们或许是做对冲基金的,正在查询他们在亚洲市场的损益。如果他们在火车上睡着了,那很可能是属于销售部门的。那个身穿价值3000美元的正装,而且头发梳得一丝不乱的家伙是一名投资银行家,那个身穿运动服和卡其裤的,是一个在二流企业做经纪人的家伙。而那个带着一份《纽约时报》的人或许是名律师,或者是办公室的后勤人员,也有可能是在金融市场工作,但没有真正身陷市场……

如果对这些金融界的人的衣着做进一步的观察,甚至还能发现金融危机的前兆。那些管理资金的人如果穿得就像是要去观看棒球比赛,说明他们的金融绩效非常优异,要是穿得太好会引起别人注意,而他们希望尽可能保持低调。

如果你看到某个从事金融业的家伙穿着正装,那通常意味着他遇到了麻烦,或者他要如约去见某个给他钱的人,或者两者兼而有之。

因此,当开往曼哈顿地区早班列车上的金融人士普遍穿着随意,说明经济欣欣向荣,但如果人人身着正装,那么说明金融业开始遇到麻烦,投资人开始变得谨慎,人们正在四处找钱。换句话说,车厢里充满了金融危机的味道。

正因为这种敏锐的观察力,在金融危机前夕,丹尼·摩西提前做空了华尔街,当次贷危机到来的时候他大赚了一票。

贰 技巧即是**财富**

小布什总统的经济顾问皮帕·马尔姆格林擅长把时尚信号变成经济信号,比如她把模仿璞琪(Pucci)这样花哨图案衣服的大面积流行看作金融危机的信号。

璞琪是一个意大利高档时尚品牌,自上世纪五六十年代开始出名,马莉莲·梦露和杰奎琳·肯尼迪都是这个品牌的客户。这类服装颜色艳丽,特别适合娇小的女人,但如果所有人都这么穿,看起来就很可笑了。

2007年的时候,马尔姆格林发现,几乎每家店铺都充斥着这类仿璞琪的产品。尽管每件衣服价格不高,但这样的衣服大多只能穿一到两次,它们的面料很快就会过时,很明显女性花的钱超过了她们的承受能力。

马尔姆格林意识到,这种超出自身能力的消费行为已经延伸到了各个领域,比如人们开始购买更大的房子,而银行也乐于贷款给没有还款能力的人,他们转手把这些不良资产卖给华尔街,华尔街的金融家又把它们重新包装和评级,再次卖给投资者,在这一片繁荣之下实则隐藏着大的危机。

马尔姆格林就是这样从人们衣着的变化,敏锐地捕捉到了即将到来的金融危机信号。

2008年金融危机的时候,很多服装零售商都破产了,然而著名服装品牌Zara却逆势取得成功,这其中有很多原因,马尔姆格林说,其中一个重要原因归结于Zara店里总能找到不错的黑色或是深蓝色的裙子以及很棒的白色衬衣,这些都是职场上的标配,几乎每个要找工作的人都会冲进Zara店,同时坚信能找到适合自己的传统服装。

当经济下行、失业率上升时,人们发现,保留自己的工作或者获得一份新的工作,有时只需要穿一件白衬衫和一条黑裙子就够了,或者穿一件质量好的、老式传统西服就可以了。

福尔摩斯对助手华生说:"你是在看,而我是在观察,这有很明显的差别。"经济学家原来也是这么做的。

休学创业是理性行为吗

说起休学创业,永远会有人向你提起比尔·盖茨、扎克伯格的故事,这些故事还被拍成了电影。那些创业成功的故事熬成的鸡汤在各个微信里飘荡着香味……

当讨论休学创业的时候,你必须先明白几个事实。

首先,别人的成功经验未必能让你成功。

牛津大学的教授杰克尔·邓雷尔说:"两家公司采用同一战略,一个侥幸成功了,另一个不幸倒闭了。因为我们是从成功的结果中取样,而不看过程如何,所以我们就觉得那些战略一定是好的……我们没有向倒闭的公司取经,因为它们已经不复存在。不然的话,我们会发现同样的战略,带来的不是成功而是失败。"

其次,教育才是一个人一生最好的财富。

《金融时报》的记者弗里兰说:"如今的顶级富翁几乎不会生来穷困潦倒,以至于与机遇完全不沾边,良好的早期教育是一大先决条件,有一个富裕的任专职的父亲也帮了大忙,但他们通常来自辛勤工作、聪明才智和很大的运气成分。总体来说,他们不是贵族,而是经济精英;他们不仅专注于消费财富,而且一心创造财富。"

良好的家庭出身和社会关系也至关重要。

比如比尔·盖茨的故事里我们常常忽略他的家庭背景。他的母亲玛丽·麦克斯韦尔·盖茨是一名商业界人士。她是金县联合劝募协会的首名女性总裁,还是全国联合劝募协会执行理事会的首名女性主席。值得注意的是,她在任全国联合劝募协会执行理事会主席期间与IBM的首席执行官约翰·埃克斯共事。她还是第一州际银行公司的首名女性主管。

好了,如果你明白以上几点,我们就可以心平气和地来谈谈休学创业这件事了。

我们不大会听到医学院的学生去休学创业,而这个想法大多集中在科技行业,这是为什么呢?

诺贝尔经济学奖获得者简·丁伯根提出"教育和技术的竞赛"的概念,这有助于我们理解为什么我们生活在一个技术达人辈出的时代。这些休学创业成功的人有一个秘密,这就是技术走在了教育的前面。

美国西北大学经济学家乔尔·莫克说:"技术革命比以往

任何时候都要快,而且横扫各个领域,并且很可能以几何数的速度发展扩大。我们作为个体并没有变聪明,但社会作为一个整体,正在积累越来越多的知识。我们可以获得信息和技术的协助,在堆积如山的谷壳中寻找谷粒,历史上没有哪个社会有如此多的知识,几乎多如牛毛。"

今天的技术革新让人眼花缭乱,比如我所从事的新闻行业,传播渠道和传播方式层出不穷,我不认为那些新闻系的教授和博士自己来办一张报纸就会成功,跨学科跨领域的知识正在互相贯通,在以往,考核一个记者一定看他的文笔如何,在未来,很有可能考核的是他的统计学知识。

同样,在计算机、电子商务、大数据、人工智能等方面,教育可能远远落后于技术,当你学到的知识等到毕业以后,可能在市场上已经被淘汰了。所以最佳的状态,就是实践和学习永远同步。有个学生是个航模爱好者,他把自己的本科毕业设计题目选为"根据数据控制飞机舵机的反馈运动,使飞机可以自动悬在空中"。结果老师可能没看懂,认为很烂,给的成绩是B-。结果国内的无人机大佬慧眼识珠,一次,他去芝加哥参展,有好莱坞的团队抱怨现在的航拍飞机一旦震动拍的质量就不好,能不能做一个云台,把震动消除。于是,他做出了当时最好的一款计算机云台。

哈佛大学经济学家拉里·卡茨和克劳迪娅·戈尔丁在最近的一本书中将"教育和技术的竞赛"作为标题和理念框架,探讨了新技术和教育之间的相互作用。书中说，19世纪初，技术跑在了教育的前面；在这之后的50年里，美国大力投资公立高中，教育追上了技术；约30年前，教育停止了前进的步伐，而技术继续一马当先，这就造成了极客的崛起。

在马克思写《资本论》的那个时代，生产资料至关重要，你不大可能拥有一台蒸汽机，在互联网时代，一切又变了，你只需拥有一台电脑，你的知识才是最重要的资本。

我无法回答休学创业究竟是好还是不好，但我们正处在一个变革中的大时代，响应变革才是通往成功顶端的通途，用钢铁大亨米塔尔的话说："变革是伟大的，变革也是奇妙的，由于你参与了亲眼目睹的变革，你就创造了价值。"

叁

《 结果来自选择

有趣的灵魂怎样脱颖而出

都说"好看的皮囊千篇一律,有趣的灵魂万里挑一",假如你长相普通,却有一个有趣的灵魂,那么在相亲中如何脱颖而出,这可是个学问。

芝加哥决策研究中心的行为经济学家奚恺元曾提出"联合评估"和"单独评估"两个概念。所谓"联合评估",是指在评价一个事物的时候,有明确的别的事物可以做比较,你可以同时分析这两个或两个以上的事物的利弊;而"单独评估",是指你没有明确的其他事物可供比较,你只能单独评价一个事物。

奚恺元举了这样一个例子:假设你想买一套餐具,偶然在一家商场清仓时看到一套,共有24件,每件都是完好的。

再假设你还看到另一套餐具,它共有40件,这40件中的24

件和上面提到的完全相同,而且是完好的,此外这套餐具还有8个杯子和8个茶托,其中2个杯子和7个茶托都已经破损了,而其余的都完好无缺。

那么你愿意为哪套餐具支付更多的钱?

这个问题的结论在联合评估和单独评估时是不一样的。当人们在联合评估这两套餐具时,也就是同时看到这两套餐具,人们当然会选择第二套,因为第二套有更多的餐具,虽然有几个破损,但是完好的仍然比第一套多好几个。

然而人们在单独评估,也就是不知道另外一套存在的情况下,得出的结论会完全不一样,因为第一套餐具是完整的,而另一套却有破损,因此人们会倾向于购买完整的那套。

奚恺元通过这个例子向我们阐述了这样一个观点:在单独评估中,有些特征容易评估,比如餐具是否有破损,有些特征却难以评价,比如餐具总件数是否占优,因此人们会关注那些容易评价的因素。所以在单独评估的时候,人们往往会被那些容易评估的特征所影响,做出欠理性的评价。

现在我们回到本文开头的话题,"好看的皮囊"是个容易评价的特征,如果你去相亲,对方一眼就能判断出,或者你还没见到对方时,对方早就根据照片做出了判断。而"有趣的灵魂"却是个隐性因素,到底怎么样算"有趣",我们可能无从做出判断。

因此,假如你是个很有内涵并且非常有趣的人,你可以带上你的小伙伴一起去相亲。你长相普通,所以在易评价的特征上你有点吃亏,但是你有趣、渊博,这些是你的优势,却又难以评价,因此只有在比较中,别人才能发现这些优点。

也许你有个小问题,假如你的小伙伴(或者闺蜜)长得比你好看,会不会相亲对象反而会看上他(她)呢?这当然有可能,问题是容貌的比较是不可避免的,人们都会在心中和某些特定的人去比较。如果对方选择了你的小伙伴(闺蜜),这说明你根本就不是他(她)的菜,而你单独去,机会可能更渺茫。

这一点,在商战中同样如此,如果你的产品优点显而易见(比如外观设计漂亮),你大可单独宣传;而如果产品的优点是不直观的(比如耗电量低、安全性强),你的宣传则要放在和同类产品的比较中。

"好看的皮囊"人人皆知,要不干吗印在海报上?而"有趣的灵魂"却需要不断比较,比较越多,你越会脱颖而出。

网络时代的爱情

假设你是一个非常有魅力的未婚女性,希望通过网络找到理想的另一半,于是你把自己的资料放在了婚恋网站上。

然而事与愿违,很快你会遇到一件烦人的事情。你的邮箱会爆满,婚恋网站上几乎所有的男性都希望和漂亮有魅力的女性约会,面对成百上千的信息,找出真正适合你的真爱便如同大海捞针。因为不仅看这些回信要花费你大量的时间,并且在这群人中筛选出有诚意者也不是件容易的事。

如果我们把这个问题借用经济学的术语来表述,那就是很多婚恋网站都面临拥堵问题,妨碍市场创造更高效、稳定的匹配。

现在我们让经济学家来到这个市场,他们该如何解决这个问题?

结果来自**选择**

有一个叫Cupid.com的网站，聘请了斯坦福的经济学家穆里尔·尼德尔作为公司顾问。2005年，在尼德尔和著名行为经济学家丹·艾瑞里的建议下，网站向它的男性会员分配电子玫瑰，并且每人每月只能送出两朵电子玫瑰。

经济学家的逻辑是，男性会员发送一条信息的边际成本实质上为零，这就促使他们采用"广种薄收"的策略，把海量的信件发送到女性的收件箱里。要解决这个问题就是要让交流变得昂贵，让男性会员发出每一条信息都经过深思熟虑。如果每个月只能送出两朵电子玫瑰（发送两条信息），那么信息就会变得昂贵，因此男性会员就会表现出他们的真实偏好，认真思考对方是否适合自己，然后对真正感兴趣的异性传递信号。

在使用电子玫瑰以后，求婚者的答复提高了近35%，于是很多网上婚恋平台都推出类似机制，以提高成员间的交流成本。

不过在今天，大多数相亲网站都是通过算法来创造有效和稳定的匹配。

美国经济学家劳埃德·沙普利早在1962年与戴维·盖尔合著的论文中，就探索了稳定匹配的概念。在这篇《高校招生与婚姻稳定性》的论文中，沙普利和盖尔就提出一种算法（盖尔—沙普利算法）来寻找稳定的匹配。2012年沙普利（盖尔已经去世）因为在市场设计和匹配理论上的贡献，获得了诺贝尔经济学奖。

婚恋网站的算法可比《非诚勿扰》这类相亲节目中的配对过程复杂得多。一个名为True.com的网站收集了客户关于99个关系因素的数据，并把这些数据输入一个回归方程，从而计算出任意两人之间的适应性指数。True.com实际上就是在告诉你，你跟其他人会相处得怎么样。

传统的婚姻媒介引导人们有意识地表达自己的偏好，并根据这种偏好帮人们配对。与此相反，eHarmony（美国最大的婚恋交友网站之一）从一个包含大量信息的数据库里查询什么性格的人结为夫妇会真正幸福。eHarmony的创始人尼尔·克拉克·沃伦对5000多对夫妻进行了研究，并首次提出了一个用来预测适应性的统计模型，这个模型包括29个与个人情感秉性、社会风格、认知模式以及关系技巧等相关的不同变量。

eHarmony还建立了一个用于预测偏好的公式，它的回归方程通过使用人们不甚了解的、无法说清的性格特征把最适合的人互相匹配，它超越了个体的意识选择，能够看到人隐藏于内心的潜意识。也就是说，算法能进入你的潜意识，你以为你喜欢一个苗条的姑娘，算法却早就看穿你潜意识其实喜欢丰满一点的姑娘。

算法将随着时间的推移不断改进，越来越稳定，越来越精确，算法时代让人找到最合适的人。但同时这个世界也很难再有爱的冲动和鲁莽，很难再有一见钟情的浪漫。究竟哪一个时代更让人向往，这个就很难说了。

"柠檬男"的故事

你有一个男友，对你体贴入微，唯一的缺点是他工作很忙，没有很多时间来陪你（这大概也说不上缺点吧），你们商量着什么时候结婚。

有一天，你得知他出了车祸进了医院，于是心急火燎地赶到病房，当你准备扑向床头痛哭时，你惊讶地发现，房间里有一屋子女人围在他的身边，这些人都叫他"老公"，此刻你忽然明白，长久以来他一直周旋在你们之间，那些花言巧语其实一文不值。

在经济学家的眼里，这个花心男友其实就是个"柠檬"。

柠檬在美国俚语中就是"次品"和"不中用的东西"。1970年，美国经济学家诺贝尔奖获得者乔治·阿克洛夫发表了一篇革命性的论文《"柠檬"市场》，经济学界才开始深刻探讨这个问题。

阿克洛夫说，在二手车市场，只有车主才真正明白汽车质量的好坏，买家则无法分辨，因此车主可以从信息不对称中获利。同样，渣男就是一个"柠檬"，只有他自己知道对感情是否专一，于是他通过外在表象迷惑了对方，欺骗了别人的感情。

阿克洛夫继续深入研究这个问题，他发现买主短期内可以从内幕信息中获利，但是最终没有赢家，聪明的买主不会永远玩这种被操纵的游戏。假设在二手车市场中，有一半车是"柠檬"，卖主自然不愿意降价出售好车，而买主更不愿意提高价格去买质量不确定的车，这样二手车的价格就开始往下跌，最后进入交易的都是不值钱的"柠檬"，其结果是，高质量的车根本无法售出。

渣男短暂地享受到了齐人之福，但他最终也要付出沉重的代价，左右应对透支着脑力和体力（或许因为这才出了车祸），而此刻，躺在病床上装植物人才是明智之举。接下来，无论他是否痛改前非，在婚姻市场都将被打上"柠檬"的烙印。

阿克洛夫的理论同样可以延伸到政府，假如政府信息不透明，处处遮遮掩掩，只公布对自己形象有利的信息，那么这就相当于形成了一个"柠檬"市场，因为信息不对称，无论你说什么好消息都会被质疑，最后政府并不能从管制信息中获利，反而失去民众的信任。

古罗马历史学家塔西佗曾经说过:"当政府失去公信力时,无论说真话还是假话,做好事还是坏事,都会被认为是说假话、做坏事。"这个见解后来被称为"塔西佗陷阱"。其背后的原理就是"柠檬市场"。

同样是诺贝尔经济学奖获得者斯蒂格利茨从相反的方向进行了研究,探讨了缺乏信息方发掘信息的可能。比如要求二手车商提供长时间的质量担保,政府主动接受公众监督,这都将有效消除柠檬市场的形成。至于鉴别花心男,姑娘要求男友在房产证上填上女方的名字,则不失为一个好办法。

手撕前任的经济学指南

手撕前任的风险远远大于手撕包心菜,包心菜不会反扑,而前任会,于是最终演变成一场互撕。曾经意乱情迷的眼神,最终会变成戈雅笔下受难者绝望和愤怒的眼神。

决定是否在社交网络上撕脸,这件事情推理逻辑其实和是否要对敌国投放原子弹一样,而这些行为背后的经济学,其核心就是博弈论。

冯·诺依曼是20世纪难得一见的天才,他曾经协助研究过计算机和原子弹。他希望找到一种能解释人生的理论,他称之为"博弈论"。冯·诺依曼的理论最终被应用于外交谈判、军事威胁,甚至是约会、爱情和婚姻。正如冯·诺依曼曾说,真正的生活包括虚张声势,包括骗人的小伎俩。

受到冯·诺依曼的影响,艾尔·塔克提出了"囚徒困境"

模型。我们把这个理论放到"手撕"的情境中解释就是这样的：甲和乙互为前任，对两个人来说，手撕对方，说明自己是无辜和受害者是最优选择……各位看官，都是这个渣男（贱人）出轨在先，一切的错都是他（她）的，请看证据……但是个人的最优选择，并非集体的最优选择，互撕的结果（相当于原模型中两个囚徒互相交代），让博弈双方都受损。因此，每个人保持沉默才是最优选择。

之所以会有手撕前任，还有一个原因就是认为这是最后一轮博弈，因此手撕前任甚至带有向现任献上投名状的味道，以示和前任决裂，绝不暧昧。当博弈参与者明白，现任也会变成前任、前前任，这场游戏将会是以牙还牙的多回合博弈，就不敢轻易下狠手。

冷战时期，美苏分别遇到柏林危机和古巴导弹危机，通俗地说就是发现对方通过网络偷偷揭自己的隐私。那么要不要立马还击呢？不过这可不是扑上去抓破对方的脸，而是一场一触即发的热核战争。博弈论专家托马斯·谢林最终阻止了这场互扔核弹的恐怖互撕，他建议双发安装"红色电话机"，一部可以双向通信的电报，保持可靠的沟通是避免互撕的有效办法（撕脸之前最好和对方理性沟通一下）。

民国的军阀都是博弈论的高手，如果非要互撕，不妨好好向他们学习。段祺瑞讨伐张勋的时候，在北京爆发过一场战斗。英国记者莫里逊目睹了这场战斗：数以百计的讨逆军围住了张勋公馆，隔着几百步的距离，冲着张勋公馆的方向开枪，枪炮声持续了半天之久。

等战斗结束莫里逊出来查看，他惊讶地发现张勋公馆的墙壁上居然没有一个弹孔。莫里逊嘲讽双方不如用弓箭，其实他有所不知，军阀之间的互撕完全是表演性。互撕时一定要给对方留有余地，这才是"手撕前任"经济学的最高境界。

叁 结果来自**选择**

姑娘为什么会爱上霸道总裁

在"霸道总裁"的故事中,男主通常是英俊潇洒、位高权重,而女主则是涉世未深的年轻女性。

"霸道总裁"绝不是一种新文体,它在19世纪就开始盛行。无论是《简·爱》还是《傲慢与偏见》《理智与情感》,或者《艾玛》都有这个影子。虽然这些小说里的女主角都出身良好,属于中上阶层,但是因为社会对女性社会角色的定位非常僵化,这些女性都无法完全掌控自己的命运,婚姻就变成至关重要的人生转折点。在简·奥斯汀之后的言情小说也基本都走了相似的路子,讲的是出身贫寒或者家道中落的女主角去做家庭女教师或者女仆,爱上了男主人,或者被男主人爱上,最后终成眷属的故事。

年轻的姑娘为何爱上霸道总裁,是对方英俊潇洒,多金大方？耶路撒冷希伯来大学理性研究中心的经济学教授艾亚尔·温特的理论，有助于我们理解这个问题。

艾亚尔·温特说，所有人都或多或少地受一种综合征所累——在与权势人物的相处中，我们往往会对其产生正面情感，即便可能被这些权势高于自己的人加害，或者受到对方的不公对待，人们也往往会顽固不化地保持这种正面情感。

改变境遇的机会越渺茫，人就越有可能对权势人物表达正面情感，而将自己受到的不公对待归咎于自己。这方面的例子不胜枚举：妇女遭到家暴，却拒绝离开有施虐倾向的丈夫；老板劣迹斑斑，却莫名得到员工的谅解……

也就是说，当一个人权位大大高于自己，尤其当他能掌控自己命运的时候，我们就很容易对他产生好感。所以无论总裁如何霸道，只要他表露出一点点体贴，一点点温柔，处于压力之下的姑娘们便会盲目地放大这种善意，以至于突然之间爱上他。

那为何会产生这种现象呢？埃亚尔·温特解释道："在很多情况下，权力分配对我们极为不利，情感机制就会与认知机制相互配合，调节受辱感与愤怒感，这使理性的情感行为适当发挥作用，增加我们的生存概率。"

人类在进化过程中，我们会努力协调情感机制与认知机制，所以权势人物施以小恩小惠，情感机制会放大我们的感激之情，我们会因此过于看重此类恩惠，毫无来由地相信权势人物拥有仁慈正派的品质。

霸道总裁的故事说到底就是在一个男权主导的社会中，女性的权益受到抑制和伤害的故事，不知道为什么这么多导演乐此不疲，把它装上爱情的外壳，让它在我们的荧幕上泛滥成灾。当《欢乐颂》中的靳东（老谭）对女主说："一切交给我处理吧！"这让女性观众激动地流下热泪，而此时我们正再一次吞下一颗有毒的蜜糖。

在电视相亲节目中该站多久

在"非诚勿扰吧"里讨论这样一个问题,谁是该节目的"战(站)神"?也就是说,谁在这个节目中站了最久。答案据说是马伊咪、马诺、谢佳。

如果你来《非诚勿扰》只是为增加知名度,那么你的最优选择就是一站到底,直到观众和编导嫌弃为止。但如果你是真心来找另一半,你是选择眼前这个看似还不错的高富帅,还是继续等待看看有没有更好的(风险是过这个村没这个店)。作为女人你可能凭自己的直觉,相信一见钟情这回事,但是作为经济人,你要如何选择才是最优策略?

关于这个"非诚勿扰问题",其实古希腊的大哲人苏格拉底就提出过,这就是"最大麦穗问题"。有一天,苏格拉底带领几个弟子来到一块成熟的麦地边(相亲舞台)。他对弟子们说："你们去麦地里摘一束最大的麦穗（最好的男人），但要求只能摘一次（牵手就无法再回来了），只许进不许退，我在麦地的尽头等你们。"

相亲和挑麦穗都是一个经济学问题，经济学本身是一门研究资源配置的学科，每个人的资源都是有限的，因为受到时间等制约，不可能无穷尽地在相亲舞台上一直挑选下去。但同时由于信息不对称，无法了解接下来所有可能上台的男嘉宾的情况，因此运用经济学概率学等相关理论，可以大大增加成功率。

哈佛大学教授约翰·吉尔伯特和弗雷德里克·M经过研究，发现一个相亲最优理论。我们拿《非诚勿扰》来举例：假设平均每个女嘉宾会上台20期，而平均每期有5个相亲对象，也就是说你有100次机会。约翰教授的意思是用100除以e（自然对数，约为2.71828），约等于37。按照约翰教授的相亲秘籍，你对这前37个男人可以尽逞挑剔之能事，横挑鼻子竖挑眼，比如"男嘉宾，我灭灯是因为我不喜欢你的鞋"云云，不过这时，你必须在这37人中挑出一个最好的A先生（同时他对你感兴趣）。假如在接下来的63次机会中，你第一个遇到的条件超过A的B先生，你就立马放下矜持，如黑寡妇蜘蛛般主动俘获这个男人，这就是你的最优选择。

这个理论在很多方面都适用。当我们购房或面试时，只要假定好自己看房（面试）次数的容忍度（比如最多20个），那么在看完（应试完）第7个（20/e）时，只要有比前面更好的就可以做出决定。

很多女嘉宾在台上站了很久，花费了巨大的时间成本，也见到了很多高富帅，却沉湎于失去的优质男（沉没成本）无法决断。西弗吉尼亚大学的心理学教授Jonell Strough表示，你投入得越多，那么你就越有可能一直沿着一个错误的决定走下去。这就使得很多女嘉宾越是阅人无数，越有可能选择平庸男（除非编导刻意安排），却无法找到那束最饱满的麦穗。

明星婚姻经济学

电影明星的婚姻都是怎么样的？如果让影迷们回答这个问题，答案恐怕不外乎这些：明星总是爱嫁给明星，找到彼此间外形外貌登对的，成为金童玉女式的婚姻，比如黄晓明和Angelababy；明星还爱嫁入豪门，这方面的例子更是比比皆是，比如李嘉欣嫁给许晋亨；明星的离婚率也很高，要不那些八卦周刊怎么会这么畅销？

事实真是如此吗？对这件事进行刨根问底的不是资深狗仔，而是经济学家。

经济学家古斯塔夫·布鲁奇研究了当代位居榜首的400名电影演员的婚姻状况，得出的结论让人惊讶：明星们的婚姻和普通人大体没啥差别。

布鲁奇研究的这400位电影明星中，男性已婚的占52%，女性已婚的仅占38％，尽管这些女明星的平均年龄已达41岁。那些已婚明星步入婚姻殿堂的实际年龄，男性为38岁，女性为35岁。

明星们尽量延迟结婚的年龄，或者不结婚，有的甚至采取了隐婚，是因为单身的明星能更可能多地聚集粉丝，带来更大的明星效应，因此延迟结婚的年龄和不结婚都会给明星们带来实际利益。

在已婚明星中，大约有一半人是和名人联姻的，这点和大家想象的一样。电影明星们结婚的对象不是明星就是模特、歌手、音乐家等。作为明星，嫁给同样是名人的配偶，也会增加彼此知名度或家庭总收入，使其利益更大化。

布鲁奇发现，在已婚的电影明星中，45％有过一次婚姻经历，这个比例比美国城市人口的平均水平略低，有两次婚姻经历的为20％，有三次婚姻经历的为8％。在我们的印象中，明星总是频繁地结婚离婚又结婚，然而这个比例显示，他们和普通人的结婚离婚频率并没有太大区别。像伊丽莎白·泰勒这样一生结了8次婚，是极为罕见的。如果一个明星结婚8次，折不折腾得动且不说，家产能剩下的肯定也不会太多了。也就是说，明星并不总是频繁结婚离婚，他们在婚姻上和普通人一样，而是那些娱乐传媒放大了这方面的信息。

明星们有一点和我们不一样，就是其收入水平和教育水平没有直接相关性，电影公司的老板并不会因为明星的高学历而支付额外的费用,你可以想象,也不会有哪个老板对古天乐说,你没有大学文凭,这部电影的薪酬少给一点。相反,很多在大学里学不到的技能(比如社会上的磨砺)对明星的影响却很大。但是其他特征,比如外形外貌,有可能增加其收入。而普通人,比如程序开发员,并不会因为比别人更帅而多增加一块钱的收入。

布鲁奇还发现,即便在好莱坞的婚姻中,电影明星几乎都倾向于和自己同等教育水平的人结婚(比如有海外留学背景的演员会同样希望找留过学的伴侣),这点和大众的偏好几乎不谋而合。布鲁奇解释道:"因为找到一个有相似教育水平的人可以给你的婚姻带来附加值,包括收入的指标,有相似教育背景的人们对双方的收入水平是有共识的,甚至对于名人们来说,这种共识也至关重要。"

找个胖子做老公

电影《神奇动物在哪里》中,雅各布是个招人喜欢的胖子,他的梦想是开一家烘焙坊,可惜贷款申请被银行拒绝了,后来他遇到了英国魔法师纽特,在纽特的帮助下他开出了烘焙坊,同时,雅各布还爱着奎妮,也许有一天他会和奎妮喜结良缘。

雅各布的缺点是不会魔法,但是他有一份事业心。在那些神奇动物的影响下,雅各布设计出了各种可爱的面包造型,大受顾客喜爱。经济学家认为,假如你的老公是个胖子,那么很有可能在婚后他比别人更会赚钱。

经济学家早已发现,体重和薪酬有某种相关性。美国佛罗里达大学的蒂莫西·A.贾奇主持的研究,对11253名德国居民和12686名美国居民进行了调查,结果发现,比标准体重少25

磅的瘦削女性平均每年要比普通体重的女性多挣15572美元。比标准体重多25磅的女性平均要比普通体重的女性少挣13847美元。

而男性则不同，瘦男人要比普通体重的男人少挣8437美元。不过，他们会从体重增长的过程中得到持续的回报，直到体重达到肥胖症标准为止。平均来说，男性薪资的最高点竟然出现在体重多达207磅的时刻。

国内也有类似的研究，比如有调查发现中国女性体重每超过标准1千克，平均收入下降0.4%，而影响最大的是中等收入阶层。

研究者认为，这种现象是职场歧视造成的。金融和专业服务性行业正在越来越倾向于"颜值化"，雇主更喜欢漂亮的人，认为漂亮、身材好的雇员可能带来更多的顾客，而长相普通的人，即使他们非常有才华，也常常被忽略。

健康经济学家海瑟·布朗有更有趣的发现。在排除了其他影响薪酬水平的因素之后（职业、健康、教育、孩子数量等），布朗发现已婚男性和单身女性的工资率与其BMI（身体质量指数，体重除以身高的平方）正相关，即体重越重的人，收入也越高。而单身男性和已婚女性的工资率则与BMI负相关，也就是说这些人体重越重工资越低。

布朗认为，当已婚男性在体重飙升后，这会激励他们投入更多的精力发展事业，以补偿自身欠佳的形象给妻子造成的不良影响。法国经济学家安德烈-皮埃尔·基亚波里等人的研究证实了这一观点。他们研究了美国和9个欧洲国家的数据，发现普通男性每超重22磅/10千克，就要提高1%的薪酬来补偿自己的妻子。

那么单身女性为何体重越重，收入越高呢？不是雇主偏好身材更好的女性吗？布朗解释道："部分好身材的女性相信将来可以嫁个有钱人，所以就很少投资于自己的事业，而超重问题在婚姻市场上会成为女性的极大劣势，于是那些体重超重的女性则会在自己的职场生涯投入更多，来补偿未来的潜在配偶娶自己这样的超重女性所付出的代价。"

因体重导致的薪酬差异既反映了职场和婚姻中的不平等现状，也体现了经济学中的"权衡理论"。

在电影《神奇动物在哪里》的后续故事中，不知道雅各布和奎妮最后的姻缘如何，不过在婚姻中胖子常常是招人喜欢的一个角色，他们工作努力、顾家，也更能赚钱。假如奎妮嫁给雅各布，她一定会成为幸福的女人，而雅各布也一定会把自己的烘焙坊越开越火。

体育比赛中存在"势头"吗

假设你正在看一场足球赛,红队以4∶0遥遥领先蓝队,到了下半场,你觉得胜负已定,可是忽然蓝队小宇宙爆发,在最后20分钟连续进了3球,让你目瞪口呆,最绝妙的是在压哨那一刻,蓝队居然又进一球,把比分扳平,将比赛拖入了加时赛。

看台上球迷开始沸腾了,这个时候,有人问你一个问题,你觉得最终哪一队在加时赛中会获得胜利,你毫不犹豫地回答说:"那还用说,当然是蓝队,因为比赛势头在蓝队手里。"

"势头"是体育比赛中人人皆知的元素,球队和运动员一旦拥有它,便势不可当……然而经济学家的答案可能和你不一样,芝加哥大学布斯商学院金融学教授托拜厄斯·莫斯科维茨说:"当一个落后很多的球队奋起追赶,把比赛打成平局,进入加时赛,这支球队打赢加时赛的概率是否更高呢?答案是否定的，它赢得加时赛的概率，跟优势消失的球队没有区别，跟以胶着状态打入加时赛的球队的胜率也没有区别。"

莫斯科维茨发现，体育比赛中压根不存在"势头"这样的东西。好手气球队往往会在连续得分后被反超，坏手气球队往往会迎头赶上。这也许是连连赢球的球队在连赢期间耗费了更多的精力，很快疲惫起来；也许是一方连胜之后，教练为保存实力会派出蹩脚的替补球员；也许球员大幅领先之后减少了努力，或者对手因为落后而付出更多的努力……不管逆转的原因是什么，支持"势头"存在的证据就是找不到。

在一场球赛中不存在"势头"，在整个赛季中也不存在所谓的"势头"，莫斯科维茨说，我们没有找到任何证据说明，球队连胜若干场比赛，就有更大概率打赢下一场比赛。在NBA比赛中，连赢数场（甚至多达10场）比赛进入季后赛的球队，表现并不比连输数场比赛的球队更好。波士顿凯尔特人队挺进2010年NBA总决赛，而他们在常规赛里，最后10场比赛输了7场，他们的对手湖人队，最后9场常规赛中输了6场，两者的"势头"都不大好。

不但在球队身上找不到"势头"，在球员身上也找不到"势头"。当一个球员连续命中篮筐时，球迷通常会认为这个球员"手很热，他驾驭了势头"。康奈尔大学行为经济学教授托马斯·吉洛维奇、罗伯特·瓦罗内和斯坦福大学已故心理学家阿莫斯·特沃斯基研究了篮球赛中的势头和热手现象，他们考察了1980-1981赛季里费城76人队中9名球员的投篮尝试，没有找到任何"势头"存在的证据。他们发现，事实上，选手在连续投篮命中以后的整体表现，反而稍差于连续投篮不中以后的表现。

那么为何人们会普遍相信"势头"这种东西呢？行为经济学家解释说，人们喜欢为事件总结模式，我们不喜欢神秘感，希望有能力解释自己所看到的情形。我们无法解释随机性和运气，于是"势头"就变成最合理的理由，并根深蒂固地迷信它。最先发起势头和热手效应研究的阿莫斯·特沃斯基曾说："就这一主题，我已经参加了1000场论战了，每一场我都赢了，可我没能说服哪怕一个人。"

"冰镇"一下对手有用吗

一些体育竞技项目设有"暂停",比如排球或乒乓球比赛,暂停通常用在对方连续得分打得顺风顺水的时候,以此打乱对方的节奏,或者是在关键局和关键比分的时候叫暂停,从而破坏对方的气势。对于自己这一方,则可以在教练的指导下调整新战术、扭转局势。

在橄榄球和篮球的规则中,同样都有暂停,比如在NFL(美国职业橄榄球大联盟)中几十年来教练都信奉一个信条:如果甲队面临一个充满压力的射门球,这一球能让球队扳平比赛或者赢得比赛,乙队这时候就要叫暂停,好"让他想想"或者"播下怀疑的种子"。他们把这种行为称为"冰镇踢球手"。

芝加哥大学布斯商学院金融学教授托拜厄斯·莫斯科维茨

叁 结果来自**选择**

等人对此做了专门研究,在《比赛中的行为经济学》一书中,他们根据NFL2001-2009年的数据,研究了比赛最后阶段的那些置身于高压局面的关键球,研究者对比了踢球手射门前叫暂停和没有叫暂停的案例,结果发现,在相同的距离下,被冰镇过的踢球手成功率和没有冰镇过的踢球手完全相同。

有很多学者做过类似的统计分析,比如统计学家斯科特·贝里和克雷格·伍德考察了2002年和2003年NFL赛季的相关数据,他们在《概率》期刊上发表了他们的研究成果,他们发现,从那些比赛最后能让球队处于平局或领先的射门来看,就40至55码之间的"高压球"而言,被冰镇过的踢球手平均会降低10%的成功率,距离更短的话,冰镇效果可以忽略不计。

STATS公司的尼克·斯塔姆发现,在高压局面下,不管是否接受过冰镇,踢球手的表现差异都不大,冰镇踢的成功率是72%,非冰镇踢为71.1%,斯塔姆的研究表明,冰镇踢球手的做法,并没有降低对手射门的成功率。

不光是橄榄球比赛,几乎所有的比赛在关键时刻教练都想冰镇一下对手。比如在NBA比赛快结束的时候,一支球队被吹了犯规哨,罚球手走上罚球线,另一方的球队会本能地要求暂停,冰镇一下投球手,压压他的气势,好让他失手。

托拜厄斯·莫斯科维茨怀疑,这个套路和在NFL比赛中冰镇踢球手一样,并没有什么用。他们考察了2006年至2010年所有NBA比赛两队分差在5分以内时第四节或加时赛最后两分钟的罚球，也就是压力之下的罚球，如果罚球之前叫了暂停，投手的罚球成功率平均为76%，如果没有叫暂停，罚球的命中率还是76%。

看来重要时刻冰镇一下对手并没有什么用，但为何所有的教练在数十年的时间内，对"冰镇"这项技能乐此不疲呢？这其中的道理很简单，假如叫了暂停，结果失掉了比赛，球迷只会抱怨球队运气不佳；可是如果没有施展"冰镇"这项绝技，教练关键时刻没有叫暂停而失掉比赛，球迷会把原因归结到教练身上——"他本来该叫暂停冰镇一下对方，教练的失误导致了关键时刻的失利"。所以，不管有用没用，不妨先冰镇一下对手再说。

叁 结果来自选择

为了凑整而疯狂

人们对整数关口有特殊的心理，比如股市2999点和3000点，其实并没有什么区别，但心理意义不一样，报纸上会说，股市重上3时代；再比如人民币兑美元6.99和7.00感觉也完全不一样，因为7是个重要的整数关口。当你的运动步数显示为9900步时，你会死活再走100步好凑个整数。国外的商品定价也普遍会利用这个心理因素，比如一瓶牛奶5.99美元，iPhone XS的起售价为999美元等。

沃顿商学院的教授德温·波普和尤里·西蒙松对这个问题做了深入的研究。他们研究了数百万辆二手车的价格，发现一件既在情理之中又有点出人意料的事情，如果汽车的行驶里程超过10万英里，其价值就会急剧下降，一辆行驶了99500英里的车或许能卖到5000美元，但一旦该车（相同的年限、车型和车况）的里程多转500公里，变成了10万英里，那么它的价值就高台跳水了。他们把这项研究发表在2011年的《心理科学月刊》上。

两位经济学家还研究了珠宝市场，比如人们在购买钻石的时候，就会设定一个整数目标，比如新郎想给新娘买一个至少两克拉的钻石，那么比这个数字少哪怕一点点，比如1.99克拉他们也不会考虑，这一点点的差距会让新郎觉得自己小里小气。

这个现象还存在考试中。全球每年有超过100万的高中生参加SAT考试，SAT考试得分以10为间隔，最低分为400，最高分为1600。两位经济学家发现，如果学生查到的分数以90结尾（比如1090、1190、1290），那么跟以整数结尾（如1100、1200、1300）的学生比较起来，前者重考一次的可能性要高20%。

最有趣的事发生在美国职棒大联盟（MLB）中，棒球界有个整数目标，比如球员希望赢得100场比赛。其中，在一个赛季中，球员打出0.300的打击率是神圣的标杆，这也是全明星和普通球员之间的分界线。人们追求这个目标，和其中蕴含的巨大的经济价值是离不开的。据测算，打击率0.299和0.300两者的薪资差距最高可达2%，根据MLB的薪资平均值，这约等于13万美元。

那些打击率接近0.300的球员，在最后阶段会想尽办法，使用各种策略达到0.300的目标，他们奋力击球，让自己跨过那条线。而那些打出0.300成绩的球手，在赛季的最后一天更大的概率会选择轮休，或者找人委托代打，以免自己的打击率跌破0.300。

这样的事情可不仅仅发生在体育界，很多时候，公司报表上的数字就相当于这个神圣的打击率。上市公司会公布自己的盈利预测，证券公司的分析师也会提出目标收益。当你的公司每股收益打破收益预期，哪怕只有一点点，股价也会上涨，如果盈利不及预期，股价则会暴跌。

圣路易斯华盛顿大学的理查德·弗兰克尔等人研究发现，每年有数目庞大的企业刚好达到目标，此外还有比例极高的企业收益刚好比目标收益多一分钱。与此相反，差一分钱的企业极少，从统计的角度来看，这太过离奇。

和棒球场一样，比目标差一分钱，你的股价就会直线下跌，而超过目标一分钱，你的股价则会上涨，因此，企业有太大的动机，充分利用会计准则中的自由裁量权来拉高收益调整账目。因此，当遇到这样的上市公司（刚好扭亏为盈、刚好完成对赌、刚好摘掉"帽子"……），我们要格外当心。

转会投手受伤之谜

当你满怀希望地来到一个婚恋网站,可是寻来觅去也没找到那个中意的他(她),你注意到网站上的推荐:如果你交了一笔钱成为付费会员(价格颇为昂贵),那么你就享有了VIP待遇,同样可以看到其他付费VIP会员信息,于是你有点纠结,到底要不要成为婚恋网站的付费VIP会员。

在回答这个问题前,我们先来讲一个故事。

有一个问题曾深深地困扰着美国职业棒球队的老板们,那就是刚转会来的棒球投手更容易受伤。

一个球员在美国职业棒球大联盟(MLB)中效力6年后,可以选择成为一名自由球员并为出价最高的球队效力。如果新球队能够为一名球员提供比原来球队更高的工资,这个球员就有可能转会。然而转会的投手平均每赛季会有28天出现在伤病名单中，而不转会的投手平均只有5天。

发生这种状况并不意味着转会的投手都是较差的，他们当中很多人从来没有受过伤，并且为新球队带来了新价值，但是总体来看，转会投手用于伤病康复的时间是不转会投手的五倍。

美国经济学家亚瑟·奥沙利文注意到了这种状况，并且用经济学的"信息不对称"和"逆向选择"原理给出了答案。

首先新老球队存在"信息不对称"现象。原球队的教练、队医和陪练在数年的日常训练和比赛中对球员有密切的观察和交流，他们充分掌握球员遭遇伤病影响比赛的可能性有多大。而新球队则不同，他们虽然也有队医体检，或是查看联盟记录，但是他们掌握的信息不足以消除这种信息不对称现象，而原球队对这名球员的训练和使用有着多年的经验，对其身体健康掌握更多的信息。

造成这种现象的另一个原因是"逆向选择"。当一个新球队报价希望购入投手，如果老东家认为这名投手在下个赛季会因为伤病耽误很多比赛，那么他们就不会出比求购球队更高的价格来留住这名球员，而任由该投手改换门庭。但如果认为这名球员下个赛季不会遭遇伤病问题，并且会发挥十分重要的作用，那么他们就会慷慨出价，提供比其他球队更高的薪水来留住这名投手。

如果我们看过电影《点球成金》，就知道出售或者购买球员对球队来说就是门生意，球员像商品一样不断被讨价还价，而无人考虑球员转会后的境遇。至于为何这种转会后受伤的现象只出现在投手，而较少出现在棒球队其他位置的球员身上，这是因为伤病对其他位置球员的影响更容易被观察到。

逆向选择这种现象在生活中也很常见，最典型的就是在二手车市场，由于卖方比买方拥有更多的关于汽车质量的信息，而买方却无法从外观来识别汽车质量的优劣，于是只愿意根据二手车的平均质量来给出自己愿意支付的车价。这样，即使是好车也只能以柠檬车（次品车）同样的平均价格卖出，如此一来，拥有好车的车主便退出该市场，结果留在市场的二手车平均质量水平进一步下降……最终，市场只剩下低质量的车出售和成交。美国经济学家乔治·阿克洛夫正是因为提出以上的"柠檬市场模型"以及不对称信息市场领域的贡献，获得了2001年诺贝尔经济学奖。

我们再回到婚恋网站的问题上，婚恋市场同样存在信息不对称，成为付费会员也会产生逆向选择现象，当一个人条件太差或者要求太苛刻时，那么他（她）就很难找到合适的伴侣，然而婚恋越困难的人反过来就越可能成为付费会员，愿意花钱解决这个头痛的问题。当一个网站付费会员越多，越容易吓跑优质的单身男女，所以你最好不要相信收费昂贵的VIP会员服务。

叁　结果来自**选择**

足球的颜色和球员的收入

一只周身伴有从黑色到灰色渐变图案的足球，在2018年夏天正吸引着全世界。这款俄罗斯世界杯用球被命名为Telstar18（电视之星18），为的是向1970年墨西哥世界杯致敬。

1970年之前的世界杯用球，有的是咖啡色，有的是橙色，五花八门。到了1970年墨西哥世界杯，比赛用球在原本白色的足球上镶嵌了黑色的五角形，之所以这样设计，是因为该届世界杯首次通过卫星向全世界进行电视直播，黑白相间的设计让黑白电视机前的观众能够清晰地看清楚足球。

这款足球被命名为Telstar（电视之星），它来源于两个单词：Television（电视）和Star（星星）。"电视之星"成为永恒的经典，然而它还是另一件事的分界线——球员的收入。

贝利是有史以来最伟大的球王，1958年他在瑞典世界杯惊艳亮相时才17岁。1960年，桑托斯队付给了他15万美元的年薪，这相当于今天的110万美元。这个收入在今天看来只能算中等。

据《法国足球》统计的球员收入（税前工资、奖金以及广告、赞助收入总和），梅西在2017年的收入高达1.26亿欧元，C罗的收入则达到9400万欧元。排在第3位的是内马尔，他的收入为8150万欧元。

从1970年开始，球迷可以在电视机前观看世界杯，而今天人们更是可以通过手机、电脑等移动设备观看。在1970年以前，即便你是再好的球员，每周能看到你踢球的粉丝还坐不满一个足球场，而今天一个优秀的球星则有着数亿的粉丝。

技术变革给球员收益带来了巨大的变化。贝利的收入远远排在梅西、C罗这些人后面，这并非他技不如人，而是在那个时代没有那么多人有机会领略他的球技。1958年巴西只有35万台电视机，而人口是7000万，世界第一颗电视卫星是1962年发射的，根本没赶上贝利在世界杯的首次表演。而如今的世界杯，通过电视和互联网渗透到了每个角落，所有场次相加，有几百亿双眼睛在观看比赛。

1981年芝加哥大学经济学家舍温·罗森发表了"超级明星经济"的论文。他说，运动员的巨额收入并不是社会活动中捉摸不定的现象，而是可以预测到的经济力量作用的结果。竞赛效应使得某个稍稍"优秀"一点的人能够轻易赢得整块蛋糕，使其他人什么也得不到。在足球比赛市场上,天赋上的微小差别会获得收入的巨大差异。

随着足球市场规模的扩大,顶级球员和普通球员之间的薪酬差距也在增加。在20世纪80年代,同样效力于英国50强足球队,顶级球员的收入是三线球员收入的两倍。而现在,英超联赛球员的平均收入是后两级联赛球员收入的二十五倍之多。

1970年,黑白相间的足球在绿茵场上滚动,比赛画面通过卫星传送到世界各地。技术扩大了市场规模,给球员收入带来巨大的变化,它为足球行业创造了超级巨星以及悬殊的收入。

球探们就要失业了吗

2003年的新奥尔良万豪酒店。这里正在举行美国棒球冬季会议。

这不是一个普通的会议,两拨人剑拔弩张。一方是老牌球探,他们有丰富的经验,只消看一个球员挥出一棒,他们就有大致评判,此刻他们在吧台边悠闲地喝着威士忌(也许内心充满不平静)。

另一方是二三十岁的年轻人,他们背着电脑包,拿着彩色打印的建议书,不停地在大厅的人群中穿梭,跟球队的经理人交谈着,他们是一些来自哈佛或者耶鲁的数据怪才。

尽管两拨人彼此都不交流,但他们都明白,要么是这些老家伙死死守住自己的地盘,要么是这些年轻人用电脑砸了老家伙的饭碗。

叁　结果来自选择

根据迈克尔·刘易斯的《魔球：逆境中致胜的智慧》改编的电影《点球成金》中，奥克兰竞技队棒球队的总经理比利·比恩起用了在耶鲁学经济学的年轻人彼得·布兰德，运用数据和算法创造了连胜20场的历史。

电影的结尾，波士顿红袜队的老板对比利说："那些没有立刻拆解他们的球队，用你的模式重建的人，都是恐龙。"

现实世界中，老牌球探很多都是退役运动员，这些身板硬朗的老家伙用尽全力，为了饭碗也为了尊严，向那些数据天才展开了对决。

PECOTA（投手经验比对与优化测试算法）是当时棒球球员选拔最优系统，PECOTA系统所列名单里的球员在2011年大联盟赛胜场数为546场，而《美国棒球》中球探所选的球员胜场数总计为630场，也就是说，球探预测的准确度比单纯靠数据分析进行的高出15%。

这个差距也许不算大，但是每赢一场球，棒球队都愿意向球探支付400万美元，这样算来，那些球探的正确预测，会带来总计达3.36亿美元的收益。

老家伙能战胜电脑软件（即便是暂时的），听起来不可思议，但是我们在科技面前总是会低估人的能力。《点球成金》中有个细节，一个球探说："我喜欢佩雷斯，他球打得好。"另一个老球探马上否定道："他女友长得丑。""什么意思？""女友丑说明他缺乏自信。"

计算机不可能知道谁的女友丑或美，也不会发现这和打球有什么关系，这时人的判断起到了更综合的作用，很多球探，在球员还是孩子的时候就持续跟踪。再比如两个球员有着相同的击球率和本垒打个数，但一个喜欢逛夜店，而另一个热衷公益事业，计算机很难将其量化，而球探却知道。

资深球探和电脑的较量也出现了另一个结果。球探开始越来越注重数据，一个球探说："伙计们，面对现实吧，每天我们到球场后做的第一件事情是什么？是到记者席拿到最新的数据。"

球探们最后没有失业，他们仍然受到尊重，毕竟体育比赛是人和人的事情，谁愿意看着两套软件互相过招呢？

叁 结果来自选择

奔跑吧，迪马乔

罗伯特·巴罗是当今世界公认的最具影响力的经济学家之一，同时，他还是一个棒球迷。在他6岁那年（1951年），巴罗家里买回第一台电视机，使得他能够看到棒球比赛转播。

那年正是乔·迪马乔职业生涯最后一个赛季。迪马乔是美国家喻户晓的棒球明星，1941年，迪马乔连续56场比赛击出安打，这一纪录至今高悬难破。迪马乔还和玛丽莲·梦露有过短暂的婚姻。

可是，在小巴罗的记忆中，迪马乔却完全不是这么风光，他只是一个不能灵活奔跑的老家伙，也看不出他在棒球比赛中有多么出色。与之相反的是，1951年和他同台竞技的棒球手曼特尔是个杰出的年轻运动员。在巴罗看来，曼特尔在中场的表现要好得多，而迪马乔妨碍了曼特尔发挥他的棒球才能。

有一件事情让小巴罗至今记忆犹新，当时迪马乔在中场，曼特尔在右侧，一记球飞到他们之间，他俩任何一人都能应付这一简单的局面，迪马乔却运用中场队员的权利主动要求接这球，曼特尔迅速低下身让到一边。然而在迪马乔一击之后，曼特尔却因此受了伤。

小巴罗问父亲：为什么行动迟缓的迪马乔不能闪到一边，让曼特尔来接这个球？父亲却对他的问题不屑一顾。

巴罗长大以后，成为著名的经济学家。他对这个问题有了新的看法：他的父辈目睹了迪马乔的辉煌时期，体验过那些激动人心的场面，而巴罗，只目睹了迪马乔是个动作迟缓的老家伙。因此，就这场比赛他和父亲的评价截然不同。

巴罗接着说，迪马乔做到急流勇退是他成为一代传奇运动员的关键。迪马乔清醒地认识到他在1951年赛季的失利，因此果断拒绝了纽约洋基队邀请他参加1952年赛季的请求。这也是多数人对迪马乔留有美好回忆的一个原因。

诺贝尔经济学奖得主丹尼尔·卡尼曼说："比起整个人生，我们更在意人生的结局。"他说，在评估整个生命以及一些有趣的事情时，高潮和结尾很重要，而过程通常会被忽略。同样是传奇运动员刘翔，如果在2004年雅典奥运会之后退役，人们对他的评价可能要完美得多。

那么，那些明明已过巅峰状态的明星为何要不断重返赛场呢？

明星的表现随着年龄的增长呈钟型抛物线，而收入随着年龄的增长却缓慢下降，所以，同样的表现可能获得不一样的报酬。就拿1951年赛季的棒球比赛来说，曼特尔处于上升期，而迪马乔却处于下降期，即便曼特尔的表现比迪马乔更好，获得的报酬却低得多。

因此，明星在他们职业巅峰之后不愿意急流勇退，是和激励机制有关的。在他们所获得的超额收入中，不仅包含他们当前的实际表现，即真实人力资本和努力程度，还包含由他们的名气带来的附加值，以及观众寻找替代他们新偶像的成本。

1951年，球迷拼命地为迪马乔加油，人们还沉浸在他往日的辉煌中，已过巅峰的迪马乔喘着气奋力奔跑。

体育比赛中的迷信是怎么来的

乔治·迈尔奇（George Gmelch）曾经是一名职业棒球运动员，后来成了一名社会科学研究员，他在题为《棒球中的魔术》一文中列举了一些体育界的迷信。根据迈尔奇的说法，纽约巨人队为了保持16场连胜的势头，不愿意洗他们的队服，生怕洗掉了他们的好运气。同样，1941年布鲁克林Dodgers队的队员Leo Durocher在三周半的时间内一直穿着同一双黑鞋，灰色的袜子，蓝色的外套，目的是保持连胜的势头。

波士顿红袜队的三垒手韦德·博格斯在职业生涯中的表现非常出色，他曾连续12次参加全明星赛，并在2005年入选棒球名人堂。如果这个世界有一个迷信名人堂，那么他也一定会入选。博格斯每天在完全相同的时间起床，并在下午两点吃鸡肉，他以14天为一个周期，轮换使用13种食谱（包括两次柠檬

叁 结果来自选择

鸡)。当他晚上需要到芬威公园参加比赛时,他会进行精准的热身程序,包括接150个地滚球,在防守热身结束时,他会站上三垒、二垒、一垒以及垒线(当他入场比赛时,他会跳过垒线),用两步走到教练席,用四步走到球员席。赛季结束时,博格斯的步伐在草坪上留下了永久性的脚印。他总是在5:17进行击球练习,并在7:17进行冲刺练习(一个为了纠正他行为的经理曾让体育场的时钟从7:16直接跳到7:18)。

迷信行为不单棒球界才有,几乎所有的竞技项目我们都可以看到这种现象。乔丹认为他穿的北卡球裤是他的幸运物,因此在带领公牛队建立六冠王朝时,很多场比赛他都把北卡的短裤穿在公牛短裤下;NBA的贾森·特里会在赛前一晚穿着对手的球裤睡觉;网球明星塞雷娜·威廉姆斯在她的每场比赛之前都用同一种方式系鞋带,而且要将她的网球弹跳5次才开始比赛;荣膺名人堂头衔的冰球门将帕特里克·罗伊则迷信于对着他身后的门柱说话……

如果我们用行为经济学研究这个问题,会发现这种行为其实是由于"控制幻觉"引起的。控制幻觉是指在完全不可控或部分不可控的情况下,个体由于不合理地高估自己对环境或事件结果的控制力而产生的一种判断偏差。

控制幻觉这一概念是由心理学家艾伦·兰格(Ellen J.Langer)率先提出的。兰格认为,控制幻觉就是个人对自己成功可能性的估计远高于其客观可能性的一种不合理的期望。

人们在日常生活中经常面对两种情境，第一种是技能情境，在这种情境下个体可以通过练习和努力获得想要的结果，是个体可以控制的；第二种是不可控或随机情境，在此情境下个体的行为与结果之间没有因果关系，是个体无法控制的。

但是这两种区分并不总是被人们意识到，个体在不可控情境中也会相信自己能控制某个事件的结果，因而产生幻觉。也就是说，人们常常将一些随机事件看作含有某种技能成分的非随机事件。

而运动员就是企图通过这些迷信行为控制比赛中那些随机性，同时赋予自己更高的掌控感，通过这些仪式控制比赛中的不确定性。

来自阿姆斯特丹自由大学的心理学教授保罗·范·兰格博士则认为，这些仪式起到了心理安慰剂的作用，"它们帮助人们面对未来不确定的后果，当这些后果对人们很重要时尤其如此"。他认为仪式对运动员有益："我们的论点是，仪式强化了运动员原本缺乏的控制感和自信心。"这些"迷信"看似都是些奇怪而又不合逻辑的信念，但研究表明，迷信可能与更佳的竞技表现有关联。简而言之，这些迷信行为向运动员提供了一种重要的心理错觉，让他们以为自己能控制实质上受随机概率影响的事件之走向。

肆

《 思维决定处境

岳不群的杠杆投资

岳不群想当五岳派掌门,然而他的华山剑法和紫霞神功还不足以把他送上这个宝位,于是他选择了修炼辟邪剑法。

如果说五岳派掌门是一项高收益的资产,那么岳不群采取的方法则是杠杆投资。

在金融市场,很多投机者都在利用杠杆投资,即通过借款使得自己的投资额远超过自己的资本。比如你有10万元,再从银行等各种金融机构借到20万、50万甚至100万来投资。这么做的缺点是你必须偿还借款和利息,因此也就面临着更高的风险,你的损失可能远远超过自己所有的资本。

岳不群通过修炼辟邪剑法,大大提升了自己的武功。这种行为相当于他以自己在江湖上的个人资产(地位、名声及自己的武功修为等)总和为抵押,通过金融杠杆贷款了数倍资产进行投资，如果他这笔买卖成功了，那么他得到的也许比他原先所有的资产还要多，可是一旦投资失败，那么他不但会亏掉自己目前所拥有的一切，还亏掉了自己的名声和将来。

那么为什么有人愿意做这种杠杆投资呢？答案是利益越大人们越愿意冒险。

辟邪剑法通过挥刀自宫，即身体自残来达到修炼武功的目的。这点和体育比赛中的兴奋剂极其相似，从长远来说，兴奋剂损害着运动员的健康，甚至可能让人致残，但是它又能迅速提升成绩，让运动员获得满意的成绩。

芝加哥大学布斯商学院金融学教授托拜厄斯·莫斯科维茨等人考察了美国棒球小联盟中未通过药检的各国球员比例，以及这些国家国内生产总值（GDP）后发现，球员使用类固醇（兴奋剂）的概率跟该国的富裕程度成反比关系，比如加拿大、澳大利亚等国的球员使用禁药的比例偏低，而哥伦比亚、墨西哥和波多黎各的球员则比例偏高。

使用兴奋剂就是对自己职业生涯的杠杆投资，其动机说白了就是利益，相对利益越大，就越有可能铤而走险。来自贫困国家的球员有更大的动机从职业生涯一开始就作弊，因为他们缺乏其他致富机会，从投身这个行业第一天开始，他们就铁了心要闯出名堂，他们别无选择，因为他们的背后常常是一个贫困的大家族，并且可能欠着中间人的钱。

这点在林平之身上有着充分体现，他背负着父母被杀的血海深仇，而且师父是个伪君子，他本人武功低下，他有太大的动机通过练习辟邪剑法这种杠杆投资来孤注一掷，他把自己的婚姻、爱情和名声全部抵押出去，只可惜最后一败涂地。

那么岳不群呢？除了五岳派掌门地位的诱惑，还有一个特别的原因。托拜厄斯·莫斯科维茨等人还发现，富裕国家的运动员服用禁药的经济动力，往往会在球员职业生涯后期出现，到了而立之年的棒球大联盟老将为了寻找最后一份重金合同，他也有了作弊的动机。

对岳不群来说，江湖英雄辈出，他已经算个老人了，并且远不是左冷禅的对手，获得五岳派掌门对他来说可能是登上权力巅峰的最后一次机会。诺贝尔经济学奖获得者理查德·泰勒说，一旦人们输了钱但有机会翻本的时候，人们就不那么惧怕风险，甚至会主动追求风险。于是岳不群用了最大的杠杆，把一切都押了上去。

江湖人物为什么要"金盆洗手"

"金盆洗手"是指江湖人物发家后，公开宣布放弃以前长期从事的行业，不再涉足江湖事务。作为一个理性人，为什么要放弃熟悉和擅长的领域，选择"金盆洗手"另起炉灶或者干脆退隐呢？

在金庸的《笑傲江湖》中，有一段对话对刘正风将要举行的"金盆洗手"做了评价。"王二叔，听说衡山派这位刘三爷还只五十来岁，正当武功鼎盛的时候，为甚么忽然要金盆洗手？那不是辜负了他这一副好身手吗？"一个苍老的声音道："武林中人金盆洗手，原因很多。倘若是黑道上的大盗，一生作的孽多，洗手之后，这打家劫舍、杀人放火的勾当算是从此不干了，那一来是改过迁善，给儿孙们留个好名声；二来地方上如有大案发生，也好洗脱了自己嫌疑。"

俗话说，"人在江湖飘，哪能不挨刀"，选择江湖，这就意味着高风险。尤其是江湖大盗、魔教中人风险更大，随时可能被同道残杀、官府通缉或者正派围剿。所以很多江湖人物为了躲避追杀常常不得不隐姓埋名或者远走天涯。

我们用简单的成本收益分析，就能看出"金盆洗手"中间的实用价值。

假设有两个人都有为了500两白银去劫镖的动机，成功的概率相同，但因此同样面临被镖局追杀的可能后果。这两个人一个是刚刚闯荡江湖的20岁的新人，总资产只有50两银子；而另一个是40岁的老江湖，身家已经有5000两白银。这个时候，由于他们自身的情况不同，对风险的理解也不同。

江湖新人会认为，虽然劫镖会赔上身家性命，但这是赚取全部家当十倍利润的大好机会，这个险当然值得冒；而40岁的老江湖却认为可能遭受的损失比年轻人高出一百倍。他们面临相同的成功和失败概率，但可能发生的结果大不相同，换句话说，越富有的人从事江湖冒险活动的风险就相对越高。

江湖人物无论打家劫舍或者争夺权利，如同在钢丝上行走，他们的侥幸成功改变了风险状况，但同时增加了他们的成本。风险增加主要有两个原因，一个是他们的财富和江湖名声越大，相对来说失去这一切代价也越大；另一个原因是他们从事这一行当的时间越长，仇家（包括盯上他们的官府）就会越多，同时挑战他们地位的新人也会不断涌现。随着风险成本一步步增加，平衡风险后得到的利润则会逐渐减少直至完全消失。

因此，对于那些江湖老人来说，表面上看，从事这一行业还有利润，可是一旦将其中的风险考虑进来就会发现，实际上他们的风险已经大于收益，再干下去就愚蠢至极，及早洗手上岸才是明智之举。

影片《喋血双雄》里的小庄（周润发饰）说："这个世界变了，我们都不再适合这个江湖，我们太念旧了。"其实这个世界并没有变，而是自己的风险和收益变了，年轻人成本低更爱冒险，于是他们制定新的江湖规则。而对浸润江湖已久的小庄来说，风险越来越大了，所以老人们都想退出江湖。

郭靖夫妇为什么没能守住襄阳

公元1272年,郭靖和夫人黄蓉站在襄阳城上向远处的蒙古军营眺望。

此时,蒙古人围困襄阳城已经有四年,并且建起了坚固的堡垒。上一次的襄阳之围,因为杨过击毙蒙古皇帝蒙哥而结束(历史上蒙哥是死在四川的钓鱼城,而不是在襄阳)。蒙哥的意外战死,导致蒙古军攻宋计划破产。而忽必烈急于回去争夺大汗之位,于是急忙撤兵。

就在几天前,郭大侠带领众豪杰杀入敌营。郭靖的降龙十八掌神功和黄蓉的打狗棒法,加上众英雄个个身怀绝技,顿时击毙了蒙古兵无数。但是,蒙古兵如同潮水一般涌上,他们不得不再一次退回城中。郭靖有点不明白,是什么使得蒙古人像蝗虫一样涌来,让襄阳百姓乃至大宋国运危在旦夕?是贾似道之流对忠臣的迫害，使得良将没有用武之地？还是联蒙灭金的战略失误？或者真是天意如此？

假如我也在那个历史现场，我想和郭大侠谈谈关于挪威雪线的事情。挪威雪线并不是一种高深的武功，雪线是指冰川、雪山冰雪累积和融化平衡之处，它是一个海拔高度，我们常用挪威雪线来研究全球气温，而中国历史上的气温基本也是和挪威雪线变化一致的。当然，这些并不重要，重要的是草原帝国崛起的时期，恰恰是中国历史上的低温期。

气候对农业至关重要，经济史学家发现，我国历史气温每升高（降低）1℃，农作物的产量就增加（减少）10%。在郭靖时代的寒冷期，小麦的产量减少了8.3%。同样，年平均气温若下降2℃，农作物的分布区位就会南移2到4个纬度。而古代长城的位置也正是温带季风气候区与温带草原气候区、农耕区与游牧区的分界线。

从公元11世纪开始，全球包括中国的气候总体上开始变冷，这不仅使农业生产受到很大影响，而且使得周边游牧民族的生产和生活受到沉重打击，他们和汉族的关系也不断恶化。美国地理学家E.亨廷顿在《亚洲的脉动》一书中就认为，13世纪蒙古人大规模向外扩张主要是他们居住地气候干旱，牧场条件变坏所致。

2012年1月的《经济学季刊》有一篇论文《气候变化是否影响了我国过去两千年的农业社会稳定？》，就曾用数量经济史的视角来研究这个问题。文章说，少数民族所从事的游牧业，是一个完全靠天吃饭的行业，这些民族大多生活在中国西北部的广阔地区。当气候变得恶劣时，定居农业民族还能在客观上降低对气候等自然条件的依赖，而游牧民族应对气候变化的理性反应就是向南、向东迁移，这样必然与定居在南面、东面的农业民族相遇，于是双方之间的冲突和战争就难以避免。作者通过数据分析认为，"外患高发期和气温较冷期的重合，这可能不单单是一种巧合，而更隐含着一种内在的关联关系"。

也就是说，襄阳之战其实是由地球气候变化决定的。

台湾清华大学历史研究所的陈良佐教授也作过类似的研究，他写过两篇深厚扎实的论文，探讨春秋到两汉时期的气候变迁。他的基本结论是："战国到文景时代的气候是温暖期……武帝时期是气候温暖期转入小冰期的过渡期……到了元帝时期正式进入小冰期。王莽时代低温和灾害达到高峰。东汉初期的气候是西汉小冰期的延续……桓灵时代气候恶劣的程度不下于王莽时期。"

由此可见，历史上所谓的开明盛世，都有着气候的背景。王莽锐意改革却生不逢时，而王安石的经济思想已经和今天我们的眼光相近，但在粮食减产的低温期，也无法挽回大宋的颓势，而历史上匈奴扰汉、五胡乱华、满族入关这些也无不和气候变化有关。

就算是九阴真经、武穆遗书，在全球气候变化面前也不值一提。公元1273年，襄阳城破，郭靖夫妇留下倚天剑屠龙刀后，以身殉国。南宋也失去了最重要的军事屏障，六年之后，左宰相陆秀夫背着南宋最后一个小皇帝跳入冰冷的大海，南宋灭亡。

改投师门为何是武林大忌

杨过的师父赵志敬对古墓派孙婆婆喝道:"这是我的弟子,爱打爱骂,全凭于我。不许师父管弟子,武林中可有这等规矩?"

孙婆婆一时之间无言语相答,只得强词夺理:"我偏不许你管教,那便怎么?"赵志敬喝道:"这孩子是你甚么人?你凭甚么来横加插手?"孙婆婆一怔,大声道:"他早不是你全真教的门人啦。这孩子已改拜我家小龙女姑娘为师,他好与不好,天下只小龙女姑娘一人管得。你们乘早别来多管闲事。"

此言出口,群道登时大哗。

武林中的规矩,若是未得本师允可,决不能另拜别人为师,纵然另遇之明师本领较本师高出十倍,亦不能见异思迁,任意飞往高枝,否则即属重大叛逆,为武林同道所不齿。

比如当年郭靖拜江南七怪为师后,再跟洪七公学武,始终不称"师父",直至后来柯镇恶等正式允可,方与洪七公定师徒名分。

那么这种规矩从何而来?我们或许能从欧洲中世纪的手工业行会的规矩中找到答案。

和全真派一样,行会的师傅有着至高的地位。据李普逊的《英国经济史》记载,手工业行会中,师徒关系事实上是一种父子式的关系,学徒不仅在师傅家中学艺,而且食宿在师傅家中。师徒契约中对学徒的日常行为有许多限制,比较常见的是规定学徒必须忠实于师傅,承担家务劳动等。有的契约甚至规定,如果学徒的婚姻未获师傅允许,那么他的学徒期将被延长一倍。

不少行会都有明文规定,除了传授技艺以外,师傅还必须对学徒的品行负责。许多契约明确授权可以对不听话的学徒施以适当的惩罚。赵志敬所说的"这是我的弟子,爱打爱骂,全凭于我",这在行会中,师傅滥发淫威、随意虐待学徒的现象也相当常见。伦敦木匠行会的一个学徒就因"下流的坏习惯",在会馆里被当众鞭打。和杨过一样,不堪忍受的学徒时常奋起抗争,一次导致多人被杀的学徒骚乱甚至不得不由英国国王出面解决。

"武林中的规矩,若是未得本师允可,决不能另拜别人为师。"行会同样如此,据金志霖教授的《英国行会史》记载,在大多数城市中,由于严格执行"一人一行业"制度,大部分师傅一般都终身从事某一职业,绝少有改行和身兼多职的情况。

华山派分成剑宗和气宗,两宗各立山头互不来往,剑宗门下投到气宗也算是背叛师门。"一人一行业"也常常指一个人只能从事某一行业的某一工序。比如中世纪的木匠行业不得涉及泥瓦、粉刷;呢绒商不得裁剪和缝制衣服;弓匠不得制箭。

武林或者行会不允许另投师门。一个原因是保证师傅的投资收益,师傅传授武功或者教授手艺,需要大量的时间精力,留在师门效力就使得师傅的投入有了可靠的产出。关于这一点,行会往往是通过契约来约束,师傅和学徒父母签订的契约就包括学徒年限(一般都有比较长的时限)、双方的责任和义务等,而武林则通过江湖中默认的规矩和道义来约束。

不能改投师门另一个重要原因是保护行业和江湖门派的知识产权,比如全真教的心法和剑法是该教的核心资产,如果徒弟能够轻易改投他派,则容易造成全真教的武功心法外流,被其他门派掌握甚至找到破绽。同样,对于行会来说,学徒在学习时将接触并学习本行业所必需的技艺,通常这些技艺都是保密的,不得随意外泄,学徒必须承诺日后继续留在该行业。

因此,孙婆婆信口开河,说杨过已投古墓派门下,的确是犯了武林大忌。

大侠们的"钱包"

《神雕侠侣》中,李莫愁的大弟子洪凌波从怀里取出两锭银子,叮叮地相互撞了两下,对少年杨过说:"小兄弟,你听我话,这两锭银子就给你。"杨过不想招惹她,假装从没见过银子,问道:"这亮晶晶的是什么啊?"洪凌波说:"这是银子。你要新衣服啦、大母鸡啦、白米饭啦,都能用银子去买来。"

银子的确是值钱的东西,但是要说到买新衣服、大母鸡、白米饭,那可绝对不用银子,这就像今天你坐完出租车,拿出一块碎银要付司机车钱一样,对方一定目瞪口呆。

著名货币史学家彭信威先生在《中国货币史》中认为,两宋时,"白银只作大数目的支付。不用来表示物价,南宋流通银会子的区域可能是例外。但在全国看来,民间的日常交易,不用白银，所以白银不能说是十足的货币"。

金庸的小说中，把银子当作流通货币的情节随处可见。比如一个酒保对郭靖和黄蓉说："客官若是搭人同走，省钱得多，两人单包一艘船花银子可不少。"黄蓉白了他一眼，拿出一锭五两的银子往桌上一抛，道："够了么？"事实上在宋朝，一般人家只是用白银来制作银器、首饰之类的物品，而朝廷则是把白银作为外交的支付手段，比如向辽、金、夏进贡。

那么大侠们钱包里究竟该装什么呢（虽然大侠们都不屑于赚钱，但普遍又很有钱）？

在宋朝，日常支付一般使用铜钱。"黄蓉挑拣了十来个大红苹果放入怀中，顺手取了一钱银子"，其实买几个苹果用铜钱足够了。而较大的支付则使用纸币"交子"（面值通常为一贯、五贯或十贯）。

宋朝吞并蜀国后，蜀地矿产不足，流通货币紧缺，同时携带不便。这时民间便出现了便利商人经营的"交子铺户"，商人把钱币存入铺内用时提取，而存款凭证就是"交子"。交子的使用成功引起了官方的重视。1023年，宋朝建立了交子专门管理机构"益州交子务"，次年在全国统一发行。

所以靖哥哥要请黄蓉喝个酒唱个歌什么的，再"壕"拍出一张交子就可以了，用不着拿金锭银锭吓唬店小二。白银成为中国的主流货币，那是明朝中后期的事情了。欧洲人在美洲占有了大量的银矿，中国的陶瓷、茶叶、丝绸源源不断地出口，银子则滚滚流入中国，这才使得白银真正登上中国的货币舞台。

金庸先生让宋代大侠的钱包里装着银子，可能受了《水浒传》之类的小说影响。施耐庵那个时代（元末明初），白银在日常交易中比宋朝更普及，但也谈不上随处可见，不知为何他笔下的宋朝豪杰总是拿着银子购物，比如鲁智深大闹五台山的时候，就用五两银子定制了禅杖和戒刀。

也许就是从那时起，豪侠们钱包里一定装着银两（用的时候要用力拍在桌上），窸窸窣窣摸出几枚铜钱或者几张交子，那也未免太丢大侠的份了。

降龙十八掌和 SUV 有什么关系

"降龙十八掌"是丐帮的镇帮神功，萧峰以它威震武林，洪七公以它夺得"北丐"之称，郭靖以它力抗蒙古大军。少林寺的扫地僧曾经把"降龙十八掌"称为天下第一神功，可见这门武功的厉害。

那么"降龙十八掌"对整个武林生态会产生怎么样的影响呢？经济学上有个概念即"外部性（Externality）"。美国经济学家曼昆说："外部性是指一个人的行为对旁观者福利无补偿的影响。如果对旁观者的影响是不利的，就称为负外部性，如果这种影响是有利的，就称为正外部性。"

"降龙十八掌"至刚至猛，对于掌握这门绝技的人来说当然是件好事，但是对整个武林来说，加剧了武功的"军备竞赛"，使得各个门派的竞争更为激烈。觊觎这门神功的人，则会不惜手段去得到它，为了达到武林的制衡，武学高人还会自创出杀伤力更强的武功。

现在我们来说说SUV（运动型多功能汽车）。如果我们想买一辆新车，并且不在乎油钱，那么SUV看来是不错的选择。它不但外观漂亮，更重要的是它还安全。

统计数据表明，假设某人发生了交通事故，如果他开的是SUV，那么他的死亡率或重伤送医率是2.7%；如果他开的是普通轿车，那么这一概率将上升到3.6%。看来SUV的防撞性能更好，乘客更为安全。

就像被挨到"降龙十八掌"的人非死即伤一样，对于SUV外面的人来说，情况也没这么乐观。被SUV撞击的行人，有5.1%的概率被送往太平间；而对于被普通轿车撞击的行人来说，这一概率只有3%。所以，如果发生了交通事故，SUV可以把车内司机的死亡率降低0.9%，但同时把被撞行人送进太平间的概率提高了2.1%。

也就是说，在交通事故中，SUV每救一个人，就会额外造成两个人的死亡。

因此，SUV和降龙十八掌一样具有负外部性。它会使得路上的行人处于更危险的状况，排放更多的尾气加剧雾霾，使得哮喘的孩子病情恶化，更多的二氧化碳排放会加剧融化两极的冰盖……

在聚贤庄一役中，萧峰重创群雄，然而事情并不会到此结束，幸存的武林人士或其后代（比如游坦之），会练习杀伤力更大的武功以期报仇。同样，当你的普通轿车处于不安全的情况下，你也会考虑换大的汽车，而这一举动会促使别人换更大的汽车。加州大学圣迭戈分校的经济学家米歇尔·怀特研究了这一课题，她把美国车辆尺寸越来越大的现象称为"美国马路上的军备竞赛"。

不管是"降龙十八掌"还是超大的SUV车，都给其他人带来了伤害。然而当某些私人成本和社会成本之间的差异很严重时，个人常常会牺牲别人的利益，而使得自己的情况更好。市场自身无法解决这个问题，这就需要对有外部影响的行为进行管制，比如政府对大排量的汽车提高税率，武林同盟对大杀伤力的武功进行限制。

武林高手该在什么时候出手

王家卫导演的电影《一代宗师》中有句台词：别跟我说你功夫有多深，师父有多厉害，门派有多深奥。功夫，两个字：一横一竖，错了，躺着喽，站着的才有资格讲话。

从经济学上来说，采取武力的真正目的在于向他人显示个人真实的武功水平。动武不仅能够解决某个具体的争端，它还能创造一种有用的声誉（或是避免被不好的名声玷污），这些声誉来日在江湖上大可派上用场。

不过如果你是武林成名人物，你最明智的选择是避免出手。

越是高手应该越避免动手，因为如果通过武力来表达强硬的态度，其实也在传达自身的恐惧。越是成名的老江湖，越会做理性的思考，所有的行为必须有一个大于零的净收益，动手就意味着可能受伤或者被打败（甚至是在数十秒之内完败）。

通常武林人士会尽可能通过交际的方式建立他们武功水平的"等级体系"。比如天地会总舵主陈近南，和他真正动过手的人非常少，但是他通过"为人不识陈近南，便称英雄也枉然"这样的口头传播方式来确立他的江湖等级和地位。

高手也会设法展示自己的武功水平，古代的高手会不经意踩碎地砖，今天的大师则会在电视节目中展示身手。他们同时会观察其他人展示出来的武功能力，尤其是那些很难伪装的信号，这样就避免彼此动武，出现两败俱伤的沉重代价。

但是成名人物常常会受到公开挑战而被迫应战。挑战越公开，被挑战者选择不回应对他名声的消极影响就越大，这也就越激励他做出强烈的反应。这些通常是残酷的竞争，因为所有的信息都是未知的，即便那些知道自己很厉害的人，也不能保证每次出手都能获胜，真正到一分高下时才能获得可靠的信息。

在武林中你还会看到这样一种现象，你越是成名的高手，别人就越会怂恿你动手。这种有趣的现象是怎么来的？

双方动武会展示实力信息，这不仅对卷入斗争的人十分有用，对旁观者同样如此。这些信息能为以后发生的冲突提供可靠的判断依据。因此，我们常常见到高手对决，总有一大帮人在边上兴致勃勃地围观起哄。

如果你徒有虚名，最好的办法是对任何挑战不屑一顾。如果你有真本事，不回应挑战也是明智的。一旦一个成名人物决意出手，这意味着他认为自己足够厉害，有把握和对手一较高下，更重要的是，这也可能说明他对自己在等级体系里的位置没有足够的安全感，希望通过展示实力来改善这种状况。

令狐冲的池塘和大海

美国经济学家罗伯特·弗兰克说:"我们社会生活的质量取决于我们渴望成为哪个池塘里的大鱼,如果只有一个池塘,每个人都把自己的地位跟别人进行比较,那么绝大多数都是失败者。"毕竟,在一个有鲸鱼的池塘,即便是鲨鱼也会显得渺小。与其和全部人比,不如从整个世界里划出一个小群体,在这个小池塘里,每个人都是成功者。

经济学家发现,人类的快乐和幸福感是相对而言的,如果我们愿意心平气和地和从前相比,我们有了电脑、汽车、智能手机、社交网络,我们应该比从前快乐多了,然而现实并非如此,我们会因为没有豪华汽车感到气馁,没能买得起奢侈品包包而感到不快……

那么我们应该把互联网和朋友圈关了,回到自己的小池塘吗？

美国《国家地理》杂志报道过一件有趣的事情：我们养在鱼缸里的金鱼通常只能长到十几厘米，然而在2013年，美国生物学家目瞪口呆地从塔霍湖中钓起一条近40厘米长的金鱼，而且它不是湖里的独苗。有些住户把不要的观赏鱼丢进湖里，于是这些小金鱼便自由繁殖，并且恣意长大。由于这里对小小的金鱼而言食物充足而天地宽广，内华达大学水生生态系统的专家认为，将来有可能会在塔霍湖看见比它更大的金鱼。

更广阔的池塘的确使我们感到气馁，但是同时促进了我们的迅速成长。

在这个互联网的时代里，每一个人都不可能单独生活，或者只活在一个封闭的小圈子中，因为我们时刻能得到别人的信息。如果把时间倒退三四十年，我们并不会在意和自己太遥远的事情，我们的收入只会和身边的亲戚和邻居比较，大家的状况差不多，并没有什么东西能激发出人们强烈改变自身境遇的欲望。

然而今天则大不相同，我们没法回到自己的池塘，世界是彼此连通的大海洋。我们可以从各种渠道了解他人的生活，比如富人们的豪宅和游艇……在这个世界上人和人的差距是如此之大。因为这种比较，会让我们的幸福度下降，但是另一方面，和塔霍湖的金鱼一样，我们得以拥有一个更大的世界，这个世界让我们努力变得强大。

在金庸的小说《笑傲江湖》中，华山派放在整个江湖上来看只是个不大的池塘，令狐冲在这个池塘里幸福感很强，他不但是受同门师弟尊敬的大师兄，还有他喜爱的师妹。然而命运却把他推到了更大的世界，在这个武侠世界的沧海中，他既遭遇各种险境，看见人性的险恶，但同时也迅速地成长。

从个体而言，弗兰克说的是对的，在一个小池塘里我们的幸福感会更强，令狐冲也无时无刻不想着回到华山和小师妹一起练习"冲灵剑法"。但是从更广阔的角度来说，大海的存在让每一个物种不敢懈怠并更加进取，竞争增加了整个社会的总体财富。而在沧海中，令狐冲也成了笑傲江湖的绝顶人物。

被专利耽误的瓦特

1763年，詹姆斯·瓦特被英国格拉斯哥大学聘用，他的任务是修复一台纽科门式蒸汽机。在这个过程中，瓦特突然有了一个新想法，他让蒸汽在单独的容器里膨胀和凝结。经过几个月时间的不断尝试，瓦特终于成功地制造出了一个新型的引擎。1769年，瓦特的蒸汽机获得了由英国议会授予的专利。

1768年，瓦特遇到博尔顿，博尔顿收购了瓦特的部分专利。1775年，博尔顿前往伦敦，他找到一些有影响力的朋友想办法延长专利的年限，因为瓦特的专利将在1783年到期，最终，他通过向议会游说使得法案得以通过，博尔顿和瓦特的专利拥有权可以持续到1800年。

瓦特的发明推动了历史的发展，他本人在发明过程中几乎濒临破产，为了筹钱他不得不找了份测量师的工作。专利对于保护他的付出看似非常合理。可是接下来的事情，历史书上就很少提到，这和我们想象的不大一样。

博尔顿和瓦特公司的大部分利润都来自收取使用引擎的特许权使用费，而不是出售制造蒸汽机。他们还大肆压制对手。例如工程师乔纳森·霍恩布洛尔制造了一台质量更优的蒸汽机，但最终因侵权被监禁，并因此破产。

经济学家米歇尔·博尔德林和戴维·莱文认为，真正使蒸汽动力产业得以阔步前进还是在瓦特的专利失效以后的事情。

在瓦特的专利到期后，蒸汽机的生产和效率才有了爆炸性发展，由此驱动了一轮技术革命。在随后的30年间，一些关键性发明如蒸汽火车、轮船和蒸汽纺织机开始广泛使用。其中最关键的创新是高压蒸汽机，此项目的发展主要受阻于瓦特手中至关重要的专利。而许多新型蒸汽机虽然早已发展成熟，却只能一直闲置直到瓦特的专利过期，因为这些发明者可不想重蹈乔纳森·霍恩布洛尔的覆辙。

专利能促进发明，也能阻碍创新。1920年，收音机制造行业陷入了僵局，因为美国无线电公司、通用电气公司、AT&T公司和西屋公司分别把持了重要专利，结果每家公司都没办法制造出最好的收音机。眼下的移动电话行业也在发生同样的事情，但凡想给市场带来任何一点创新，大手机厂商都要费力地从"专利丛林"里杀出一条路来（例如三星在美国就有7万多项专利）。这些公司随时随地都在打一大堆官司，不是原告就是被告。

　　这种感觉就像你开车旅行，到处有人跳出来喊"此路是我开，留下买路钱……"，让你旅行的乐趣全无。在这种"专利丛林"中，还诞生了一种叫"专利倒爷"（Patent trolls）的公司，他们专门收购一些小公司有争议的专利技术，他们并不打算用这些专利来制造产品，而是通过到处打官司来赚钱。加拿大一家生产黑莓手机的大公司，就不得不向一家名为NTP的"专利倒爷"公司支付了6亿美元。

　　瓦特虽然通过专利保护获得了巨大利润，但他也是这种制度的受害者。原始的纽科门发动机有一个重要的局限，它无法提供稳定的旋转运动。瓦特做出了各种尝试并解决了这个问题，但是詹姆斯·皮卡德在这个技术上早已申请了专利，因此瓦特不得不使用一个低效率的替代装置，直到1794年皮卡德的专利到期。

肆 思维决定处境

多面手笛福

我们之所以记住丹尼尔·笛福，大多是因为小说《鲁滨孙漂流记》。作为作家的笛福，竟能在60岁到70岁之间，写出几部巨幅长篇小说、一部有关于大不列颠经济地理的不朽记述、好几部历史著作（其中包括一部关于彼得大帝的历史），甚至还有一整套关于鬼神和魔术的书籍。

作为商人的笛福，他不能算成功。笛福曾致力于一系列商业探险活动，但法国海盗挟持了由他承保的船只，使得他的海上保险业务陷入窘境；他投资了姐夫救援作业的潜水钟项目也宣告失败。接下来他看准了上层社会对香料的需求，于是笛福筹钱办了麝香猫农场，不久生意失败债务缠身，他不得不把麝香猫卖给了岳母，而他的岳母发现运来的麝香猫居然不属于笛福……

作为股民的笛福，他有一段血泪史。笛福说："我也有一些联合的股份——股票、专利、机械和担保。这些股份一开始因为利好消息而上涨，后来它们的价值由每股100英镑（或更多）的价格一直下跌到每股12英镑、10英镑、9英镑、8英镑，直到最后没有买家。"

作为密探的笛福，他的一生跌宕起伏。他的政治小册子一度博得荷兰国王威廉三世的赏识，1698年他提出了一系列大胆改革经济和行政的建议。1703年国王驾崩，他的靠山倒塌，不久他声名狼藉并且身陷囹圄。后来，保皇党首领罗伯特·哈里把他从监狱里释放出来，作为交换，他成为哈里的密探，带着哈里的重要秘密委托来往于苏格兰及英国各个州之间。

作为冒险家的笛福，他大力鼓吹去美洲冒险，他说："我们为什么不像西班牙人一样去遍地是金银、药材、可可的富饶之地呢……这是我们所理解的南海贸易，我们应当运用国家力量予以保护，抓住具备这样条件的港口、土地或国家，我认为这样的地方在美洲……西班牙王室阻止不了我们的步伐。"笛福极力敦促国会将南海公司作为控制和殖民美洲的工具，以帮助英国攫取西班牙人的财富。

作为改革家的笛福，他提出了一系列改善社会的方法，比如创建全国高速公路系统，制定破产法从而废除债务人监狱。他还提议成立一所女子学院，一所以法国科学院为模板的学校，一种专门解决商业纠纷的商人法庭，一只用以支持商船水手的基金。

作为经济学家的笛福,他的思想远远走在同时代人的前面。他提出了一个扩张英国的银行体系的卓有远见的股份制计划,他提议筹集一大笔资金创建一个大型的国家银行。他还提出一个覆盖航海风险、火灾保险和产权保险的互助保险公司计划。他甚至提出一个国家养老基金计划,由受益者集资形成一个巨额资金池,然后通过投资彩票和房地产项目获取收益。

像笛福这样的人,即使真的把他丢在孤岛上,他也能过得精彩纷呈。

手机为什么让人停不下来

我打开微信，原本只是想消磨几分钟，可是当过去了一个小时之后，我发现我的手指仍然在手机屏幕上。手机像是哆啦A梦的口袋，只要你的手指还在滑动，各种新闻和信息就会源源不断地冒出来。

在过去，人们浏览网页时需要点击翻页并且等候稍许才能进入下一页，然而现在所有的科技产品，无论是微信、微博还是抖音都不是这样。无论何时，只要当你浏览到页面的底端，下一页的内容就会自动加载上来，用户可以一口气不停歇地向下滑动手指来浏览信息。

这样做使得产品的操作更为简单，同时也让你的"胃口"变大，你原来准备看10分钟的信息，结果不知不觉看了一两个小时。

康奈尔大学的文森克教授是一位行为心理学家，他主持了一项设计巧妙的研究，发现了一些影响我们饮食方式的微妙因素。

文森克首先给一群美国大学生看了一个18盎司的番茄汤碗，他问学生："如果让你们午饭喝这个汤，你们何时会不想再喝了呢？"81%的人给了一个视觉参考点，比如"碗空了我就不喝"或"我会喝半碗"。只有19%的人说他们饱了，或不饿了时就不想再喝了。

接下来文森克为实验设计了一套特殊的装置，他在服务员通常放置汤碗的地方钻了一个洞，然后再在每一个汤碗的碗底钻了个洞，在碗里插入一根管子，管子的另一端连着一锅热汤，可以让汤一点点添进碗中，但又能让喝汤的人浑然不觉。

文森克招募了62个食客，用普通汤碗喝汤的人喝了大约9盎司的汤，而使用无底碗的人则喝了又喝，当文森克叫停的时候有人仍然在喝，其中有一个人甚至喝了不止1夸脱。他评价此汤时说道："很不错，喝得相当饱了。"事实上，他喝的汤比用普通碗的食客多了三倍。

食客会意识到自己从自动续汤的碗里喝了更多的汤吗？绝对没有，除了极少几个例外，比如那位"1夸脱先生"，其他人则没有说自己饱了。事实上他们比普通碗组的人多喝了73%的汤，但他们的自我感觉跟另外一群人一样，毕竟他们只是觉得自己喝了半碗汤而已。

没错，当我们在那些科技产品上浏览信息和视频时，就像在那个无底的汤碗里喝汤，在这个永远不见底的阅读界面中，我们无法停下来。

这些科技产品提供了各种新奇的信息和画面，人们在期待奖励时，大脑中多巴胺的分泌量会急剧上升。人们会因此进入一种专注状态，大脑中负责理性与判断的部分被抑制，而负责需要与欲望的部分被激活。于是大脑被各种未知的新奇所吸引，不停地发出"我还要"的信号，我们的手指也不由自主地往下翻阅。

每个新信息都会带给我们一些心理上的小意外，多巴胺之所以会奖励意外，这是我们还在狩猎时代的产物。它鼓励我们发现新的狩猎技巧，寻找新的食物，适应新的环境，从而增加我们的生存概率。在网络时代，我们也会对新奇的信息深深地着迷，我们大脑的结构让我们注定成为新奇事物与信息的消费者，我们的大脑沉迷于新信息，却无视熟悉的事物，这就是为什么我们去一个陌生的地方旅游，回程总是显得要短得多的原因。

也许你正是从手机上阅读到这篇文章的，据统计，79%的智能手机用户会在早晨起床后的15分钟内翻看手机。某大学在2011年进行的一项研究表明，人们每天平均要看34次手机。业内人士给出的相关数据却更惊人，达到将近150次。我们在不知不觉中常常会刷一整天的手机，不得不承认，在这个不见底的汤碗中我们已经上瘾了。

原始部落里的"经济人"

马林诺夫斯基在人类学的地位相当于南帝北丐，他的调查研究展现了土著人淳朴天真的无私性格，其著作《西太平洋的航海者》也成为人类学的经典。

老马既没有遇到食人族的追杀，又获得了文坛美名，无惊无险的一生本该画上完美的句号。可是，他的婆娘，一个无知的女人，在老马去世后，出版了他的私人日记《一部地地道道的日记》，引起了轩然大波。

在这本日记中，老马吐露了心声：他其实极其厌恶这些土著，大骂特罗布里岛人是"黑鬼"，甚至还曾挥拳动粗打落了他雇用的土著"孩子"的牙齿，说恨不得杀了他们，这些土著唯利是图，不但总试图勒索他，甚至还背信弃义，背后插刀……

这本日记遭到了各大门派的围攻，马氏弟子也快招架不住，老马的江湖地位几乎毁于一旦，然而重要的是，老马所说的一切都是事实，土著人和我们一样都是"经济人"，对于钱和利益，他们同样都很看重。

英国人类学家奈吉尔·巴利一头扎进了非洲原始部落多瓦悠人的世界，当他沉浸在神秘的巫术当中，却发现那些土著对巫术一点没兴趣，他们感兴趣的是巴利本人的钱包。

巴利住在一个名叫祖帝保土著的茅屋里，很快，巴利发现自己成了对方的银行。每当有金钱需索时，小祖就会现身在巴利的茅屋里，然后羞愧地转过脸（极佳的表演才能），要求借点小钱纾解他眼前的大困难。最神奇的是，小祖每次在商借新债前，总是会细心地归还一部分旧债。这位人类学家非常怀疑这是土著混淆欠款账目的传统伎俩，很快，祖帝保欠巴利的款项变得十分巨大。

借钱还算是客气的。巴利参加了一个村子的祈雨活动，这和在野导带领下到了庙里求签一样，不买高香哪里可以脱身？祈雨结束后，酋长的叔叔就来找麻烦，说你肯定和来月经的女人接触过，坏了村里的好事。当然，这个过错是可以用钱弥补的。于是他们开始讨价还价，整整一个小时，巴利不断地摇头，每当对方提出一个价格时，巴利就露出惊恐的表情（这位人类学家也够狡诈的了）。最后价码谈妥，多瓦悠人的终极秘密是8英镑。

那么如果不付钱会怎么样呢?

巴利有次和他的朋友一起去听多瓦悠人吟唱描写偷腥的歌曲。对于这位金主的到来对方非常欢迎,大家愉快地喝酒听歌,一位朋友觉得很有意思,拿出了录音机,打算录下他们的歌,然而,他居然,居然忘了付钱!接下来的一幕惨不忍睹:男人一拥而上殴打他(嘴里还唱着歌),女人跳起来踏毁他的机器,最让巴利吃惊的是,小孩扑上去咬他的腿,还打算用细棍子戳他的耳朵……

不给钱,全世界哪里都行不通。

关于总统的经济学笑话

总统需要好口才和幽默感。1980年里根与卡特竞选美国总统，两人争得不可开交，尤其是在经济问题上。里根与卡特在电视辩论时调侃说："如果你的邻居失业了，说明美国经济在衰退；如果你的亲人失业了，说明美国经济在萧条；如果卡特失业了，说明美国经济要增长。"

里根总统是个段子手，他最钟爱的一个笑话是说明计划经济的可怕：一位妇人要买辆达拉牌汽车（一款前苏联生产的廉价汽车）。经纪人告诉她，这款汽车质量不好，并且缺货。但妇人坚持要买。于是，经纪人拿出一本厚厚的布满灰尘的记事本，将这位妇人的名字列入了一长串名单后，随后说："请在两年后的今天来这里吧。"

这位妇人翻了翻日历，问："上午还是下午？"

肆 | 思维决定**处境**

"这有什么不同?"经纪人不耐烦地回答说,"就是两年后的今天!"

"但是那天水管工要来我家啊!"那位妇人回答道。

最著名的笑话是美国总统杜鲁门关于经济学家的。经济学家事事都要做诸多假设,讨论问题总是说:一方面如何,另一方面又如何(on the one hand... but on the other hand maybe)。杜鲁门有一次公开说:给我找一个"独臂经济学家"来。与此相似的是,英国首相丘吉尔也深受经济学家的困扰,他曾说:"两个经济学家讨论一个问题,通常得出两种结论;如果其中一人是约翰·梅纳·凯恩斯,那么结论必有三个以上。"

美国总统约翰逊曾向一群商业界头面人物讲了一则段子,以说明用大量资金同前苏联进行导弹竞赛的必要性: 1861年,一位得克萨斯州人离家前去参加南军士兵阵营。他告诉邻居他很快就会回来,这场战争不会费力,"我们能用扫帚柄狠揍这些北方佬"。两年后,他才重返故里,并且少了一条腿。邻居向这位神情悲戚的伤兵询问到底发生了什么事——"你不是说过战争不费力,你们能用扫帚柄揍这些北方佬吗?""我们当然能,"这位士兵回答,"但是麻烦在于北方佬不用扫帚柄打仗。"

总统本人也常常是段子中的主角。20世纪80年代末,美国的经济不太景气,而日本似乎正在成为世界头号经济大国,于是便流行这样一个段子：老布什在肯纳邦克波特度假时，头不小心被他最喜欢的一匹马踢到了，老布什随即晕了过去。9个月后，他醒过来了，奎尔副总统正站在他的床边。

"我们是否处于和平状态？"老布什总统焦急地问。

"对，美国处于和平状态。"奎尔说。

"失业率是多少？"老布什问。"大约4%。"奎尔说。

"通货膨胀率呢？"老布什问。"在控制范围内。"奎尔说。

"非常好，"老布什接着问，"一个面包大约要多少钱呢？"

奎尔不安地挠了挠头说："大约240日元。"

经济学教授的赌场

拉斯维加斯的赌场照常金碧辉煌，喧嚣声带着金钱的甜味。唯一不一样的是你的手气有点背，豆大的汗珠从你的额头滚落下来，你已经输了快1000美元了……

这时一个美貌性感的金发女郎走到你的身边，送你一张大餐的代金券，温柔地劝说你既然今晚运气不太好，不如先去美餐一顿。你虽然输了不少钱，但是享用了免费大餐，这体验还不算太差。

这一切并非巧合，而是因为你是在教授的赌场。

如果要拆掉一所大学，我猜赌场大佬一致会选麻省理工。大约50年前，赌场出过一个"风清扬"，他是麻省理工数学系的天才爱德华·索普。索普通过对概率学的深入研究横扫赌场。在那个时代，赌场老板都还是些土鳖，根本不知道啥叫高科技，索普却已经开始使用计算机来算概率。

加里·拉夫曼是麻省理工的经济学博士，也是哈佛的教授。他在《哈佛商业评论》上发表了一篇管理学论文，引起赌场关注。赌场吃过太多次麻省理工的亏，于是以毒攻毒，主动邀请拉夫曼教授成为赌场CEO。

那么教授的赌场究竟是怎么办的？是找一些更靓、穿得更少的妞来表演，还是在扑克牌上印上莎士比亚的名言？

拉夫曼的核心举措是实施会员卡制度，他通过会员卡搜集了大量的客户信息，使赌场能够掌握顾客的身份、偏好（如喜欢玩21点还是老虎机，玩多少时间）、多久来一次赌场、是否在赌场过夜等详细信息。到2010年，拉夫曼已经掌握超过4000万会员的信息，成为博彩业最大的客户数据库。

接下来拉夫曼通过复杂的量化模型计算出顾客的长期价值，只要顾客长期体验好，短期消费多少不足为患。最重要的是，他根据顾客的历史消费模式，计算出每名顾客的痛点（pain point）。也就是说，如果顾客输钱超过一定数量，本次消费造成的痛苦就有可能让顾客一去不返。而拉夫曼找出痛点的目的，就是在临界点前拉回顾客（于是出现本文开头这一幕）。在教授的领导下，该赌场已成为全球最大的博彩公司。不过我很好奇，为什么没有热衷购物的女性用大数据计算出丈夫的痛点，在老公爆发前及时收手回家；专栏作家研究出读者的痛点，在读者忍受你啰唆的极限前赶紧收尾。

伍

《 智慧赢得未来

人生转折点这回事

我一有空就去游泳馆游泳。每次一边游一边都会想些事情，比如村上春树的小说《游泳池畔》中，主人公在游泳池说的那些话——

"他对将35岁生日定为自己人生转折点仍然毫不动摇。只要他有意，是可以让死一步步远离的，问题是长此以往，自己势必迷失明确的人生转折点……某日忽然意识到自己年已50，而作为转折点50岁未免太迟了……一过20，他就觉得'转折点'这一念头对于自己的人生乃是必不可少的要素。他的基本想法是：要了解自己，就必须了解自己立足的准确位置。"

当我一次次触壁反身往回游的时候都在想，我该把什么时候作为人生和事业转折点。

如果我是运动员，可能要把这个时间大大往前推。1968年到2011年的男子网球大满贯锦标赛，冠军的平均年龄为24岁，24岁以后可能就是下坡路了，过去40年来年龄超过30岁的冠军选手不到5%。不过不同体育项目的事业巅峰年龄也不同，比如游泳在20岁到22岁，短跑在22岁到24岁，足球在27岁到29岁，而高尔夫则是30岁到35岁。

如果我是艺术家，情况可大不一样。芝加哥大学经济学教授大卫·格兰森对人类艺术创造力做了详尽的研究。格兰森说，艺术创新者分两类：概念创新者和实践创新者，这两类人的峰值年龄很不相同。概念创新者作品标新立异，独具一格，毕加索就是典型的概念创新者，他事业巅峰期在他26岁时，那个时期的作品是他所有作品中最有价值的。而保罗·塞尚是典型的实践创新者，他总是问自己："我努力那么久，付出那么多的作品真正达到我想要的效果了吗？"塞尚的事业巅峰期在他67岁时，那个时期代表了塞尚绘画作品的最高水准。

按照林少华的分析，村上春树早就过了他的巅峰期，而他的巅峰时刻是1994、1995年写《奇鸟行状录》时。村上在写《游泳池畔》时，还处在他的上升期（1985年），不过他可能真的在那个时期，就在考虑"转折点"这回事了。

有件事情让我略有沮丧，我已经到了赚钱最多的年纪的转折点，然而仍然没有发财的迹象，并且接下来赚到的钱只会越来越少。经济学家萨米特·阿加瓦尔等人在论文《理性时代：生命周期的金融决策》中指出：在商界和投资领域，凭经验往往会让人大吃苦头。人们年纪越大，做出的投资决策越不明智。（谁说姜总是老的辣？）也就是说，随着年龄的增长，投资实力在下降，投资者的收益也随之减少。投资者最赚钱的年纪在42岁达到巅峰。

我奋力甩臂划入水中，心想，即便过了转折点往回游，也没什么大不了的，因为正如村上春树所言，对人生而言，最关键的是对自己所处的位置有明确的认识。

幸福的均衡器

当我们在升职或者加薪后，会感到很满足，但这些满足感没多久就会消失；当我们买了豪车或者换了豪宅，也会以为自己很幸福，但是这些想象中的幸福感并没有来，即使来了，也不过转了一圈随即离去，这些究竟是怎么回事？

美国社会心理学家菲利普·布里克曼曾提出一个匪夷所思的问题，买彩票中得100万美元巨奖的幸运儿，他们的幸福感一定比因事故致残的患者高很多吗？几乎没有人会对这个答案质疑，然而布里克曼还是进行了细致的研究。

布里克曼选取了一家康复机构29名因事故导致截瘫的患者或者四肢伤残者，另外他还从伊利诺伊州彩票中心的中奖名单中选取了22名中彩者，这其中有7位中奖金额为100万美元，最少的也有5万美元。

布里克曼等人采用了打分的方法对这两组人的幸福感采取综合评价，总分为5分，在评估总体幸福感的时候，中大奖组平均为4分，事故受害组仅低了约1分，为2.96分。当预测未来的总体幸福感时，中奖组为4.20分，事故组为4.32分。在评估日常快乐时，中奖组为3.33分，事故组为3.48分。可见两组的差距并不是人们想象的这么大，甚至在对待日常快乐和未来生活时，事故受害人的幸福感还超过中奖者。

之所以会产生这种现象，是因为两种关键机制在起作用。一种被称为"对比机制"，即在短时间内，大的幸福事件的发生，会导致一些小事件失去驱动幸福的作用，而重大不幸事件的发生，同样导致以往给自己带来苦恼的小事件失去对幸福感的消极影响。

那些因事故给自己带来了巨大不幸的人，以往小的不幸事件便无足轻重，而以往不引人注意的小的幸福事件却会给他们带来更大的幸福感，反过来降低了他们总体的不幸感。

中大奖的彩民因中奖给自己带来巨大的幸福，但很快会觉得以往一些小的导致幸福的事件不再有特别意义，反过来降低了自己的总体快乐和幸福。

另一种我们称为"习惯化机制"，是针对长时间而言的，随着重大幸福事件或不幸事件发生的事件远去，中大奖后的激动心情或因事故致残的剧烈痛苦和不幸会逐渐消失。

随着时间的推移，中大奖者会把中奖给自己带来的快乐看得习以为常，这些快乐渐渐不再强烈，因而中大奖对他们的日常快乐水平不再有很大影响；因事故致残者也会渐渐把自己的不幸和痛苦看淡，这些不幸和痛苦不再强烈，故而该不幸事件对他们的日常不幸和痛苦水平不再有很大的影响。

当我们住进了海滨别墅，每天对着大海看日出日落，这的确很幸福，但是这些很快会让我们习以为常，接踵而来的是我们不能习惯海风的潮湿和侵蚀，抱怨地段偏僻带来购物看病的不方便……

当我们在职场受到排挤跌落谷底，你会发现以前觉得害怕的事情也不过如此，并且还有新的喜悦发生，你看清了谁是势利眼，谁真正对你好，同事的一声亲切问候，也会让你心中充满感激……

正是由于对比机制和习惯化机制的存在，它们像一个人生的幸福均衡器，使得这个世界更加公平，那些生活的宠儿，他们无法体会微小的幸福，而那些人们认为的不幸者，却对生活中每一个微小的幸福都能深深感受到。

"幸福是要自己去寻找的，无论你在空间的哪一个角落，在时间的哪一个时刻，你都可以享受幸福，哪怕是你现在正在经历着一场大的浩劫，你也应该幸福。"坐在轮椅上说这话的作家史铁生，一定比普通人更深知什么是幸福。

游泳馆为何周一人最多

游泳是我的爱好之一，只要有空我就会去游泳馆游上一个小时。游泳馆通常节假日比工作日人多，夏天比冬天人多，这个很容易理解，但是我还发现一个奇特的现象，就是5天工作日中，周一的人最多。

我自己的解释是双休日人们要么是吃得太多，要么是睡得太久而感到内疚，所以到了周一赶紧来健一下身。不过，我发现专家对此有着更合理的解释。

沃顿商学院的运营和信息学管理教授凯瑟琳·米尔科曼等人合作的一系列实验中，他们发现人们到了一个"时间里程碑"时，才去实现他们所谓的目标，比如开始节食或去健身房锻炼。心理学家把这种现象称为"新起点效应"，这种效应力量巨大。

一年之中的"新起点"除了新年第一天，还会出现在一些临时制定的标志性时间点，比如生日、新学期开始，甚至是每周一。研究人员发现，在这些新起点之后，人们会更加频繁地去健身房。

据米尔科曼等人统计，美国33.4%的普通大学生，会在一周的第一天去锻炼身体，而47.1%的人会在新学期的第一天去这么做。在庆祝生日后的次日去健身房的概率也会增加7.5%。同时，人们更可能在生日的后一个月而不是前一个月去健身房。

研究者还分析了谷歌上对"节食"一词的搜索结果。根据美国疾病控制和预防中心的调查，三分之二的美国人都属于超重或肥胖，所以很多人都有减肥的目标。研究人员发现，对"节食"一词的搜索在周一、月初和年初最为频繁，在这之后对这个词的日搜索量都是随时间逐渐递减的。

"stickK"是一个帮助人们设立和实现目标的网站。"stickK"的点子来自于耶鲁大学经济学家们所做研究的结论，用户可以在该网站上注册并制定一个目标，目标可以是写一本书、改掉咬指甲的毛病，也可以是减肥或者完成毕业论文。用户可以为自己的目标下注，如果没有实现目标就不能拿回下注的钱。米尔科曼等人研究了网站上4万多用户的数据，发现人们在每周初、月初、年初、生日后和公共假期后会更频繁地订立目标协议。

因此,假如快餐连锁店要推出汉堡促销活动,最好不要定在周一,而是在周四周五开展促销活动,因为周一人们抵制高热量食品的决心最大,其后几天决心就没这么强大。相反,如果健身房要通过活动吸引消费者,最好放在周一或者月初、年初,因为这个时候人们健身的决心最大。

研究人员解释说:"我们都想成为更完善的人,但是总是存在自我约束的问题。我们会对自己说,'今天时机不好,明天更好一些'。但是我们能够用来达成目标的机会就那么多。我们必须抓住机会,促使自己做出重要改变,提高自己的生活。我们可能太过于关注新年了。"

不过,"新起点效应"毕竟只是一个起点,让人们短暂地下决心去完成目标,随着时间的推移,这种完成目标的动力也会日渐消退。这就是为何周一来健身的人最多,后面几天逐渐减少的原因。英国布里斯托尔大学的心理学家理查德·怀斯曼研究了3000多个对象后发现:制定新年计划的人群中,88%的人都失败了,但是居然有52%的人在一开始时自信满满,感觉自己胜券在握。因此,真正要达成目标,还需要严格的自律和持之以恒的决心。

一对藤椅

有一次,我应邀做一个关于行为经济学的讲座,其中有一个话题是关于"心理账户"的。

"心理账户"是2017年诺贝尔经济学奖获得者理查德·泰勒在1985年的一篇名为《心理核算和消费者选择》的论文中率先提出的。泰勒说:"心理账户即个人和家庭用来编码、分类和评估财务活动时使用的认知运算的集合。"

通俗点说,就是人们在获得收入或进行消费时,总是会把各种不同的收入和支出列入不同的"心理账户",比如"股市赚来的钱"我们就比较容易大手大脚使用,"朝九晚五的辛苦工资"我们则会精打细算地花。我们还会把消费支出归类,比如我们打算买一张演唱会的票,但是如果本月我们曾买过一张200元的球赛票,或者交过200元的违章罚单,其结果是不同的，因为我们会把看演唱会和看球赛归为同一类账户。

讲座的时候我举了金庸小说中的例子，比如在《连城诀》中，狄云对新买的衣服倍加珍惜，因为买衣服的钱是卖掉了和他感情很深的黄牛换来的；而《鹿鼎记》中韦小宝则出手大方，因为钱是他通过赌钱作弊赢来的……

有个朋友特地过来听了我的讲座，有一天，她和我说："我想讲讲我们家的故事，也许这也是和心理账户有关吧，不知道你有没有兴趣听？"

朋友是70后，家中的独生女，在20世纪80年代初，她的母亲又怀孕了。然而一来家中经济条件不是太好，再要个孩子担心负担不起；二来父母的工作太忙，实在没有精力再抚养一个孩子，另外也没有人可以搭把手。考虑了很久，父母决定不要这个孩子。

很快，父母领了独生子女证，按照当时的政策，还可以有27元的独生子女奖励。当时他们一个月的收入也只有20元左右，因此27元对家庭来说是很大一笔款子了。

因为家里什么像样的家具也没有，于是母亲决定添置点什么东西，最后父母拿这笔钱买了一对藤椅。椅子带有藤制品特有的光泽，靠背上扶手边还有精美的花纹，母亲又给它们配上自己做的垫子，它们就成为家中最奢侈的家具了，傍晚，父亲喜欢在昏黄的灯光下舒服地坐在椅子上看报纸，那是他一天中最轻松的时光。

母亲也常常念叨起那个没要的孩子，据医生说是个男孩，母亲常常说，也就是多了双筷子，当时咬咬牙辛苦一点，现在你就有个弟弟了。说完她就看着那对藤椅发呆。

藤椅用了很多年，边边角角磨得发亮。坏了修，修了又坏，几次搬家都没舍得丢。一晃眼十七八年过去了，这期间家里也发生了很多大事。包括父亲去世。因为这两把椅子实在破得不像样子了，于是母亲决定把它们丢掉。

她和母亲分别提着一把藤椅，来到了小区垃圾站。因为体积太大，无法塞进垃圾桶，于是她们把两把椅子放在垃圾桶边上。母亲抚摸了好久，仿佛它们不是一对无法使用的藤椅，而是一个家中的亲人。

终于，她们开始往家里走，母亲边走边不停地回头看，她们越走越远，两把椅子孤零零地站在垃圾桶边上，像是被遗弃的孩子，她好像听到了它们哭泣的声音，如果它们有手，一定会拉住她和母亲的衣角。

母亲终于开口说："也许修一下还能用。"她也使劲点头。

职场上人们为何不愿说真话

一个叫麦克马斯特的美国人写了一本书，研究美国究竟为何会被拖入愚蠢的越南战争。在这本名为《渎职》的书中说：林登·约翰逊是因为肯尼迪总统遇刺身亡才登上总统宝座，其实他很缺乏安全感，希望获得安慰，讨厌争执。他任命的国防部部长麦克纳马拉是个典型的"好好先生"，他无情地推行总统"只听一家之言"的要求，时时刻刻让约翰逊总统感到慰藉。

每周二，约翰逊都会要求包括麦克纳马拉在内的三位顾问参加午餐会。在场的没有一个是军事专家，连参谋长联席会议主席也不在邀请之列。这三位顾问亲如一家人，他们时刻谨言慎行，在与约翰逊会面时，总会把建议润色成总统喜欢的形式。麦克纳马拉寻找的是"通力合作者"，他解雇了三个军事助手，因为"他们碍事"。他宣称如果各部门谁和总统的决定"意见相左"，谁就卷铺盖走人。

在这种高度"和谐"的体制下，明哲保身可能成为大多数人的选择（那些说了真话的人早就滚蛋了）。伦敦的卡斯商学院教授大卫·西姆斯教授说："如果你传递坏消息，那么你就是在削弱自己的权力，以后，你的意见就更不可能得到倾听。"西姆斯接着说："即使是一个冷静有教养的领导人，也会倾向于将老是与自己唱反调的人清理出自己的核心圈，而作为下属的明智选择则是避免发表一切批评意见，或是传达糟糕的消息。"

古罗马历史学家塔西佗在《罗马编年史》中记载，恺撒让一位元老发表意见，这位马屁虫元老厚着脸皮问道：不知道恺撒您将以怎么样的顺序提出您的意见，如果是您第一个发表，那么我就按照您的意见发表我的个人意见；如果您最后发表意见，我会害怕一不小心发表和您不同的意见。

官场常通行如同王小波所说的"花剌子模模式"：据野史记载，中亚古国花剌子模有一种古怪的风俗，凡是给君王带来好消息的信使，就会得到提升，给君王带来坏消息的人则会被送去喂老虎。在这种激励模式下，即便想说真话的人也会闭嘴。

英国经济学家蒂姆·哈福德对这种状况总结道："多数领导想听到的反馈信息之真实度其实是有限的，多数人在与当权者交谈时总是对观点加以粉饰。如果等级制度森严，这一过程就会不断重复，真相最终会被一层厚厚的甜言蜜语包裹得严严实实。而一个人越有野心，就越可能选择成为好好先生。"

金庸笔下那些靠门徒吹嘘"文成武德，泽被苍生"的教派都没能活到最后，正如麦克马斯特说，所有人都"忠心耿耿"，不同意见被视为威胁。正是这种从上到下整个组织机构的彻底失败，才导致了大灾难。

我们的饭碗明天还在吗

在美国电影《在云端》里,瑞恩·宾厄姆是个裁员专家,他供职于奥马哈市一家专为其他企业提供裁员服务的公司,瑞恩一年有300多天辗转于全国各地解雇他人,飞来飞去为公司解决麻烦,对于这件事情,他觉得自己得心应手,他说:"我的目标是每天至少说三个新词儿。一开始,举步维艰,听上去像括号里或引号里用的字眼,不过后来就运用娴熟了。唯一的问题是,世界变得视觉化了,我只好反复澄清自己的说法。"

但瑞恩这种"在云端"的工作方式受到了新人的威胁,一个名叫娜塔莉的大学毕业生发明了一种互联网远程会议系统,让裁员变得轻松省事。这个发明得到了公司总裁的青睐,并竭力推广此项改革,这让瑞恩的工作显得毫无意义。

瑞恩感慨说:"人生就是一场未知目的地的旅行,更多的时候，我们并不知道自己接下来会遇见怎样的未来。"瑞恩遇到的其实并非是什么不可预知的未来，奥地利经济学家熊彼特把这种机器和技术革命带来的变革称之为"创造性破坏"，他说，这种改变社会面貌的经济创新是长期和痛苦的，它将摧毁旧的产业，为新的产业腾出崛起的空间。

这种变革不是瑞恩这代人第一次碰到。1733年，约翰·凯伊发明了飞梭，它的出现使得纺织工人的效率变得更高，但同时它宣布了家庭式纺织工业的灭亡。于是，一群工人闯进了凯伊的家里，砸坏了他的织布机。1775年，阿克莱特发明了配有梳子的纺纱滚筒，纳特·路德则带领一群工人闯进阿克莱特的工厂，砸坏了他的织袜机。

瑞恩的人生目标是乘坐飞机积攒的英里数达到1000万，然而他的飞行梦被一种叫作"互联网"的东西打断了。被互联网打乱阵脚的远不止瑞恩的工作。比如互联网的出现使得纸媒变成大众媒体一种尴尬的存在。2013年美国《新闻周刊》，一份有着80年历史的著名新闻类期刊宣布将不再出版纸质版，全面转向电子版。2015年美国有着46年历史的著名的政论周刊《国家》宣布停刊，主业干脆转向服务业。

远程裁员系没有面对面的人情味，就像电子媒体没有油墨的清香，但一切来势汹汹。新兴创新产业势不可当，更多从未见过的行业冒了出来。

"创造性破坏"作为广泛的经济转型的一部分，它在整体上大大增加了国家的财富，但对于像瑞恩这样的个体命运而言，又是个悲剧。在约翰·斯坦贝克的小说《愤怒的葡萄》中，约德是20世纪初美国俄克拉荷马州的农民，在那个时代，农业的机械化开始取代手工劳动，农场主正筹划用拖拉机来取代农民，因为一个拖拉机操作员可以取代雇农一家的工作。约德感到了彻底的绝望，而他那些衣衫褴褛的孩子站在阳光普照的院子里，一无所知地用木棒在沙子上愉快地涂鸦……

迷惘的分工

中世纪的分工是这样的,神父专事祷告,骑士专事杀人,农民专事供养所有人。不过这种分工并不太明确,作为公关顾问的神父和神的关系如果处理不好,他们就会把责任推给农民。当欧洲黑死病肆虐时,灾祸的责任并非神父祈祷不济,而是农民信仰不忠。那些神的公务员吃饱后站在布道坛上诅咒农民:"肉体为奴的人啊,你们该受神的惩罚。"

在1945年8月之前,裕仁天皇的分工是神,他每天坐在宫殿里扮演着天神。而在那个庞大战争机器的金字塔分工体系中,有的家伙则比较倒霉,分到了人体鱼雷或是自杀飞机。1945年8月,当一个叫作麦克阿瑟的美国佬把锃亮的皮靴踏到日本本岛以后,这个分工体系就彻底变了,神和炮灰都成了一样的普通人。

1944年，德国人为挽回颓势，发明了V2飞弹，这玩意可以从法国打到伦敦。当然，这条长长的V2产业链要靠上万人分工来完成。对于那个点火发射的家伙来说，则是茫然地望着升空的飞弹，直到看不见，然后拍拍身上的灰收工回家去喝啤酒，一切都不关他的事了。而在英国伦敦的某个地方，一帮倒霉蛋走在街上，忽然轰的一声，莫名其妙被炸得粉碎。

经济学家亚当·斯密最早提出了分工论，指出分工提高了效率，到20世纪初亨利·福特就把生产一辆车分成了8772个工时。分工论成为企业管理的主要模式，也为规模化生产提供了可能。然而随着产业链越来越长，分工越来越细，世界也彼此割裂，另一种迷茫从人们心底生出。

在经济学研究上，专业分工也让学术发展陷入迷茫。经济学在1800年前后就达到顶峰。此后，经济学变得更专业化了。不断深化的研究生教育，培养了大批对复杂的经济模型和统计方法了如指掌的经济学家，但他们对金融危机的到来一无所知。

美国经济学家格里高利·克拉克说：自工业革命以来，我们陷入了一个陌生的新世界。在这个世界里，华丽丽的经济学理论在回答普通人提出的经济学的简单问题时——"为什么有些国家富有而另一些国家贫穷"——这些经济学家就彻底傻眼了。

精细的分工让人陷入迷茫，而混乱的分工则让人绝望。

比如老舍先生，我们知道他应该搞创作，用他自己的话说就是"他们不晓得我有用，我是有用的，我会写单弦、快板，当天晚上就能派——你看我多有用啊……"不幸的是他分到的是当革命小将的批斗用具，于是他跳了湖。

沈从文先生是个天才，不但小说写得好，做学问也是一流。他说："除服装外，绸缎史是拿下来了；家具发展史拿下来了；漆工艺发展史拿下来了；前期山水画史拿下来了；陶瓷加工艺术史拿下来了；扇子和灯的应用史拿下来了；金石加工艺术史拿下来了……"可惜他分到的是清扫厕所的工作，于是只能呆呆地看着天安门广场人来人往的景象，然后回过头对同伴说："我去擦厕所上面的玻璃。"

当我们的分工链条越来越长时，也是走向自我异化的时候，我们无法明白自己到底是谁，无法体会别人的感受。于是在遥遥不能相望的两端，有人当神有人当蝼蚁，有人当圣人有人当刍狗。

来自《体育画报》的封面诅咒

美国经济学家、诺贝尔经济学奖得主丹尼尔·卡尼曼说，有一种现象叫作"体育画报的诅咒"：就是哪个运动员上了《体育画报》（《Sports Illustrated》，全球权威的体育杂志，创刊于1954年，每周被数千万读者阅读），那么接下来短期内这个运动员的表现注定糟糕。

在俄克拉荷马连续赢得47场大学橄榄球比赛胜利之后，《体育画报》刊登了《俄克拉荷马为何战无不胜》的封面故事。然而很不幸，俄克拉荷马在下一场比赛中以21∶28输给了圣母大学。经过这次溃败，人们开始注意到，出现在《体育画报》封面上的运动员明显受到了诅咒。2002年，《体育画报》刊登了关于诅咒的封面故事，并使用了黑猫的图片和文字说明"没有人愿意登上的封面"。

《体育画报》封面诅咒并非独此一家。比如还有一个"约翰·麦登诅咒"，凡是出现在视频游戏《麦登橄榄球》封面上的橄榄球选手，再无法取得像之前那样的优秀成绩。体育界还有一个现象就是"二年生症候群"：就是在体育比赛中，年度新秀的次年表现都比较一般。比如2002年多伦多蓝鸟队的垒球手埃里克·辛斯基以24记本垒打的成绩获得美国职业棒球联盟年度新秀奖，而次年他仅打出12记本垒打。

为何《体育画报》封面会成了魔咒？这个现象背后的道理就是"均值回归"。弗朗西斯·高尔顿爵士是19世纪英国著名的学者，也是达尔文的表兄，他发现并命名了均值回归的现象（卡尼曼称发现这一规律的意义不亚于发现万有引力）。在对植物种子的研究中，高尔顿发现，子代的高度和母本的高度似乎并不相关，母本很高，子代就会变矮，母本很矮，子代就会变高。简单地说，就是植物的高度总是向均值靠拢。最让高尔顿惊讶的是，这一规律随处可见。

用"均值回归"很容易解释"《体育画报》的封面诅咒"：运动员登上《体育画报》的封面，是因为他们不同寻常的优异表现。他们随后的成绩，虽说还是比平均水平高，但几乎不可避免地低于赢得荣誉时的巅峰状态。

运动员的表现是对技能的不完美测量，因此它会向均值回归。当运动员的状态随着年龄的增长而下滑，回归是由"变现"相对于"能力"的波动导致。那些登上《体育画报》封面的运动员，他们的表现固然很优秀，但未必拥有那些耀眼纪录所显示的出色技能，这其中很大的因素还要归纳为他们的运气比较好，这使得他们在某个赛季的表现优于上一个赛季和下一个赛季，而接下来，他们的顶尖位置将被其他人替代。

这类现在生活中也很常见。丹尼尔·卡尼曼曾为以色列空军的飞行教练讲授过关于高效训练的课程，他告诉那些飞行教练，对良好表现的嘉奖比对错误的惩罚更有效。一个经验丰富的教练发表了意见，他说："在很多情况下，我会赞许那些完美的特技飞行动作。不过，下一次这些飞行员尝试同样飞行动作的时候，通常都会表现得差一些。相反，对那些没执行好动作的学员我会大声怒吼，但他们基本上都会在下一次表现得更好。所以说，别告诉我们嘉奖有用而惩罚没用，因为事实恰恰相反。"

卡尼曼评论道：这个飞行教练彻彻底底错了，他所观察到的就是众所周知的"均值回归"现象，一般来说，只有学员的表现远远超过平均值时，才得到这个教练的表扬，但也许学员只是恰巧在那一次表现得好，而后又变差了，这与是否受到表扬毫无关系。同样，或许学员某一次非同寻常的糟糕表现招来了教练的怒吼，因此接下来的进步也和教练没什么关系。这个教练把不可避免的随机波动与因果解释联系了起来。

所以，飞行教练的表扬就成了《体育画报》诅咒的另一个翻版。

点球应该扑向哪一边

阿根廷作家奥斯瓦尔多·索里亚诺在他的小说《世界上耗时最长的点球》中讲了这么一个故事：一场在阿根廷乡间举办的足球比赛在终场前几秒钟不得不停止，因为一位偏心的裁判刚刚判罚了一个点球，他被愤怒的球员一脚踢了出去。联赛法庭判决这场比赛的最后20秒钟——也就是那个点球，将在下周日重新进行。这样每个人都有一周的时间准备那个点球。

在罚点球前几天的晚餐上，守门员加托绞尽脑汁。

"康斯坦总是朝右边踢。"

"不错，一直如此。"俱乐部主席说。

"但是他知道我知道这个。"加托说。

"那你就准备好朝左边扑救。"餐桌上有一个人插嘴说。

"不，他知道我知道他知道的。"加托说，他离开餐桌，躺在床上开始了无尽的思考……

经济学家或许乐于回答这个纠结的问题。经济学家摩根斯坦和数学家冯·诺伊曼在二战时期创立了"博弈论"理论，就适用于罚点球问题。根据理论：选择力度较强的一边射门，具有优势，而这种选择又过于容易被人猜中，因此也是一种劣势，在这优势和劣势之间进行权衡，结果是无论选择从哪边射门，进球概率都应该相等。但真正的高手是在不同选择之间发现了完美的平衡。

美国布朗大学经济学家帕兰西奥·韦尔塔对扑点球这件事情充满兴趣。他对主罚或防守过30粒点球以上的球员和门将进行了仔细分析，想找出他们是否遵循某种规律。在他的研究数据中，齐达内主罚的点球成功率超过了75%，布冯的扑救成功率为17%。在他看来，齐达内和布冯都可以算是出色的经济学家：他们的罚球和扑救策略都完全无法预测，他们在不同的选择中都选择了最佳的均衡。他还发现，优秀的射手和守门员个个都是战略大师。在韦尔塔研究的42名顶级球员中，只有3名没有运用博弈论战略。

2006世界杯德国对阿根廷的四分之一决赛的点球大战中，当时德国门将雷曼的袜子里有一张字条，那是德国队门将教练赛前准备的，上面写着面对阿根廷的射手时分别应该怎么扑。当阿根廷队的中场天才坎比亚索上场时，雷曼拿出了字条，上面字迹潦草，找了半天也没有找到坎比亚索的名字。而坎比亚索却慌了神:"雷曼在看什么?肯定是必杀秘籍!他究竟知道什么?"最后雷曼扑住了那个球,看来帮助他的不是博弈学,而是心理学。

统计数据还有一个有趣的发现:在射点球之前要投硬币决定谁先射,然而先射的队伍60%都赢了比赛,也许是因为第二个射的压力总是比较大。这让人联想到另一个现象:还记得那些美国西部片吗?在牛仔们决斗时,第一个拔枪的总是先被击倒(高手总是后发制人)。诺贝尔奖得主物理学家尼尔斯·玻尔注意到这个现象,他特地安排一个模拟决斗来测试这种电影里奇闻的合理性。研究证实,如果人们对另一个人的行动做出回应,而不是他们自己先行动,那么他们的行动会更迅速。

以色列本古里安大学的经济学家阿扎尔同样对扑点球这件事跃跃欲试。阿扎尔和他的研究小组在《经济心理学》杂志上发表了专门的论文。根据他们的计算发现,如果一个守门员待在中路不动,扑住点球的概率为33.3%,扑向左右两侧的概率分别只有14.2%和12.6%。研究小组分析了在现实中这些守门员的行为:门将老老实实守在中路的情况只有6.3%。不过阿扎尔也指出,守在中间的策略并非绝对,如果门将总是待在中路,点球手们就会毫不迟疑地改变他们的战术和靶心。更重要的是这说明了一件事:比丢球让门将感觉更坏的是不行动(待在中间)。纽约红牛队的门将塞佩罗说:"如果你站在原地不动,认为球会直直打向中路而不进,那你看起来就像个猪头。"

不懂经济学的才子不是好作家

郁达夫有多重身份，比如诗人（他的古体诗写得一流）、风流才子（风流韵事还真不少）、革命烈士（在印尼遭日寇杀害）……但有个身份极少被提及——经济学学者。

1921年郁达夫发表小说《沉沦》，以自身为蓝本，讲述了一个留日学生的性苦闷以及对国家弱小的悲哀，在读者中引起了强烈反响。其实写作完全是郁达夫的业余爱好，他在1919年11月进入日本东京帝国大学经济学部经济学科学习，1922年毕业，获得经济学学士文凭。他的毕业论文曾打算写《中国经济史》或者《中国货币史》，无论哪一篇要是成书的话，估计一定是中国经济史上文笔最好的读物之一。

1923年郁达夫学成回国后，得到东京帝大校友陈豹隐（《资本论》最早的中译者）的推荐前往北大经济系任教。郁

伍 智慧赢得未来

达夫在北大经济系的职称是讲师,每周两小时统计学课,月薪30多元,同时郁达夫还在北平平民大学和国立艺术专门学校任职。

郁达夫在北大有个叫樊洪的学生,后来留学英国,成为我国最早研究凯恩斯经济理论的学者。樊洪后来回忆道:"郁达夫上第一堂统计课时就说,我们这门课是统计学,你们选了这门课,欢迎前来听课。但是也可以不来听课。至于期终成绩,大家都会得到优良成绩。"

在给学生打分这件事上郁达夫倒是颇有大经济学家气派。比如熊彼特在学校教书期间从不批阅考卷,打分主要的依据是性别。多数男生得优减,女生全得优,他特别喜欢的学生得优加。凡勃伦不论学生表现如何都给一样的分数,但若有学生需要较高的分数获取奖学金,他便欣然将评分从C改成A。

不过郁达夫钟爱的还是文学,对经济学并不来劲,他老是抱怨说:"谁高兴上课,马马虎虎的,你以为我教的是文学吗?是统计学。统什么计,真是无聊之极。"在来北大的时候,他已经和郭沫若、成仿吾等人组织创造社,在上海创办了各种文学刊物。之所以他应聘去北大教书,可能更多的是经济方面的考虑。

"我亦好名同老子,函关东去更题诗。"1925年,不羁之才郁达夫离开了北大,中国少了一个平庸的经济学家,多了一个一流的作家。

犹太人在操控世界金融吗

以前有本叫《货币战争》的畅销书，其中讲到了罗斯柴尔德家族富可敌国，还详细讲了这个家族发家的故事：

1815年的滑铁卢战役中拿破仑和威灵顿对决，罗斯柴尔德家族用了最快的速度将战役的结果传到伦敦的交易所，并且玩了一个花招，拼命抛售英国公债。人们以为威灵顿战败了，于是大家跟风抛售，当英国公债成为垃圾时，罗斯柴尔德家族又疯狂买进，在一天之内，他们狂赚了二十倍的金钱，超过拿破仑和威灵顿几十年战争中所得到的财富的总和，英格兰银行也从此被该家族控制……

这样绘声绘色的金融读物当然会畅销，可惜作者没有仔细核实这个故事的来源。这个故事最早的版本来自20世纪早期纳粹德国的出版物，旨在抹黑犹太人，为抢夺犹太人的资产做舆论宣传。

关于犹太商人的金融操控论由来已久。在中世纪放贷是个低贱营生，基督徒不屑以此为生，于是就落到了犹太人身上。1437年，佛罗伦萨发给了犹太人四张牌照，允许他们在城内建立银行，于是犹太人正式进入银行业。然而关于犹太人的金融操控论也开始滋生，其中最著名的就是关于罗斯柴尔德家族的财富。

有个夸张的说法，1850年左右，罗斯柴尔德家族总共积累了60亿美元的财富，如果以6%的回报率计算，到了150年后，他们的家族资产至少在30万亿美元……这个家族深谋远虑扶植了罗马教皇，打入了政府体系，长时间控制了教廷财务和政府金库。在欧洲战争中，他们在5个欧洲国家建立分支来控制金融资源和国际借款……

无论是国王还是纳粹编派这些操控论故事的原因，不外乎就是要抢夺犹太人的财产，而这样的事件在历史上却不断重演，希特勒干过，路易九世干过，菲利普四世也干过。

那么普通人为什么会相信这样的金融操控论？这其实还和我们的大脑有关。

我们的大脑习惯在混乱喧嚣中寻找有意义的模式。美国行为经济学家迈克尔·舍默说，人脑是一个信息引擎，是一个不断改进的模式认知器。它把自然界的一些模式和周围的点点滴滴进行联系，并形成意义。

我们的大脑并没有进化出分辨真伪模式的机制，当风吹草动时，有可能是捕食者，也可能真的只是风，但由于千万年的进化机制，捕食者和猎物交互的瞬间，绝对没有时间深思熟虑，所以自然选择更倾向于人类把危险（阴谋）的模式当真。对于不能理解的事，人们更倾向于解释成易于大脑理解的"某种隐形的力量在操控世界"，这种观点更符合人脑认知的模式化。

面对复杂的金融世界，并不是每个人都能理解。所以即便是受过高等教育的知识分子（这个名单包括但丁、伏尔泰、卢梭等），在煽动下也会相信犹太人操控金融（阴谋论），看看《威尼斯商人》中的犹太人有多让人厌就明白了，而这种思维模式则是人类还在追逐野兽的狩猎时代就留下的。

伍 | 智慧赢得未来

克林顿的经济学错误

美国前总统克林顿曾提出过创立"希望助学金"的计划。这个建议是克林顿在1992年到1993年间提出的,那个时候他还是个兢兢业业的好总统,还没和莱温斯基闹出绯闻。

基于自己早年在耶鲁大学的经历,克林顿提出的希望助学金计划听起来很不错:学生可以借钱上大学,在他们毕业以后,用其年薪的一定比例偿还贷款,而不是人们常说的本金加利息的固定还款额。比如,那些成为银行家的毕业生,应该比那些在贫困社区为失学儿童提供法律咨询的毕业生要偿还更多的助学贷款。

克林顿是个非常聪明的人,这样设计奖学金的好处是,该方案解决了某种担忧,有大量负债的毕业生被迫去做可以带来高薪的工作,而不是有意义的工作。毕竟,对于背负着5万美元助学贷款的毕业生而言,当老师或成为社会工作者是很难还清贷款的。

克林顿还基于这样的考虑:理论上,该项目能够做到自我融资。项目管理者可以计算出优秀学生的平均薪水,然后据此设定毕业生应该偿还的收入百分比,使该项目能够收回其成本——例如以年收入的1.5%偿还15年。那些成为脑外科医生的学生将偿还得多一些,那些在非洲国家治疗热带病的学生将偿还得少一些。平均而言,高收入者和低收入者互相抵销,这个计划将维持盈亏平衡。

然而经济学家不这么看。诺贝尔经济学奖获得者加里·贝克尔在专栏中对此计划泼了冷水。

贝克尔是这样分析的。为了削减贷款中间人的费用,克林顿想要绕过银行,由联邦政府直接贷款给学生,并且当时众议院教育与劳工委员会已经核准了这部分建议。

贝克尔说,如果政府在提供贷款方面能够比银行做得更好,那么企业投资贷款、家庭购房贷款、购车贷款,也应该全部由政府包办。事实上,政府贷款的效率低下,因为银行发生问题,它必须用自己的钱来填补亏空,而政府贷款出现问题,则是由纳税人来承担。

一句话,也就是说政府贷款在效率上是竞争不过银行的。

整个计划中有一个最大的经济学错误,这个错误肯定是克林顿始料不及的。

前面已经说过，这个计划是高收入者偿还得多点，低收入者偿还得少点，但是这里忽视了一个经济学上所谓的"自我选择"的现象。虽说大学生对未来收入不能百分百确定，但大多数人对自己未来的收入还是有个预判。这样，凡是读法律或者金融、企业管理等的学生一定不会选择这个项目，对于一个目标是华尔街基金经理的学生来说，谁愿意用自己每年500万的1.5%用以偿还为期15年的贷款？这简直是脑子进水了！为了5万美元，去还100万，这笔账常春藤联盟的精英还是算得过来的。

相反，那些低收入预期的学生则很愿意选择这个项目。

这种结果就叫作"逆向选择"，未来的毕业生根据自己的职业规划决定是否选择该项目，最终，该项目吸引的贷款学生都是低收入者，以他们的平均薪水为基准的还款额并不能弥补项目的成本。

贝克尔说这话是1993年，他是有远见的。5年后，这个计划被悄悄地取消了。

狄更斯的穷人经济学

如果说伊恩·弗莱明永远在写詹姆斯·邦德拿着手枪对着坏人的脑袋,那么查尔斯·狄更斯则不断在描绘债务是如何对准穷人的脑袋。

狄更斯是一个下层中产阶级家庭的孩子,他出生时,家庭的体面地位已经岌岌可危。后来他的父亲被关进了债务监狱,而他则流落伦敦,这段经历,被他写入了半自传体小说《大卫·科波菲尔》。

金钱和贫穷成为狄更斯一生写作的永恒主题。他的作品中每一个联系纽带,都和金钱相关:获取、花费、债务、遗赠……一个又一个人物围绕着对金钱的态度来塑造。狄更斯的小说中,对穷人如何凑合着过日子有着浓烈的兴趣。在他的笔下,洗衣女、造船工人、洗手套工人、理发师、助产士、奶妈、水手、演员、侦探、教书先生,都是在令人吃惊的技术细节中加以描绘。

穷人永远生活在金钱的阴影和摆布下。比如《雾都孤儿》中,英国孤儿奥利弗进了孤儿院,教区委员会想甩掉这个负担,决定让他成为一名学徒工。为了使奥利弗能够顺利被接收,委员会还向接收人提供5英镑的酬金。甘菲尔德经营着打扫烟囱的业务,他认为奥利弗刚好满足他的需求,而贪婪的委员会却看到了省钱的机会。他们说奥利弗食量小,在食物方面花不了几个钱,并建议甘菲尔德控制奥利弗的饮食,以便让他保持瘦小的身材能够爬进窄窄的烟囱通道。甘菲尔德则在考虑奥利弗也活不了几天,这笔钱刚好落入自己的口袋,于是双方展开了讨价还价……

狄更斯对穷人抱有极大的同情,他的朋友基顿在狄更斯去世后的回忆录中写道:"我知道他喜欢到伦敦最糟糕的地方去转悠,在那里吃饭睡觉。他同大伙儿在同一个地方烤鲱鱼,和最穷的人在一起睡觉。他热爱下层社会。当他坐在穷人的咖啡屋里,下层阶级一大群人围着他谈话,这就是他最开心的时刻。"

狄更斯对穷人的描写丰富了他的作品,穷人们也永远记得他。

为什么来得快的钱去得也快

罗伯特·哈里斯是美国的一名钢铁厂工人,他与妻子住在拖车式活动房屋中。2008年,他购买超级百万乐透,中了2.7亿美元。他向老板提出辞职时,老板还不敢相信。当他确定地告诉老板自己中奖了,不会回来工作了,老板才意识到他说的是真的,并挽留罗伯特再工作几个星期,把手头的活干完,罗伯特自豪地回答:"谢谢,不过不行。"

罗伯特·哈里斯可能是所有彩民心中的偶像,每个工薪族彩民一定都想象过中了大奖后,骄傲地向老板提出辞职的这一幕。不过,中大奖可能并不是什么好事。据美国国家经济研究局的一项调查显示,近20年来,欧美的大多数头奖得主在中奖后不到5年内,都会因挥霍无度等原因变得穷困潦倒。该项调查同时显示,美国彩票中奖者的破产率每年高达75%,每年12名中奖者当中就有9名破产。

同样，钱来得快去得也快的还有体育明星们。阿伦·艾弗森曾11次入选NBA全明星阵容，总收入至少超2亿美金，这个富豪球员喜欢购买各种奢侈品，另外还要养一群狐朋狗友，最后欠了一屁股债；斯普雷维尔在NBA职业生涯赚取近1亿美金，但他开销无度，什么贵买什么，包括顶级游艇，结果还未退役就欠债100多万美金。

据美国《体育画报》的调查显示，60%的美国职业篮球联盟球员会在退役5年内破产，这种情况还不局限在篮球，78%的全美橄榄球联盟球员在离开赛场2年内就会遭遇破产或面临财政危机。

为什么来得快的钱去得也快？

我们把不同的钱贴上不同的标签，用行为经济学家理查德·泰勒创造的术语就是"心理账户"。我们总是把不同的钱放入不同的心理账户，辛辛苦苦赚来的收入我们会放进"养家糊口"的账户，而天下掉下来的钱或者轻易挣到的钱我们则会放入"任意挥霍"账户。

而"快钱"的特点就是今天有明天未必还有。今天中了大奖可能这辈子再也中不了第二次，今天是万众瞩目的体育明星，可能明天无人关注。而当人们挥霍这些快钱的时候，也失去了精打细算的习惯，这就是经济学上所谓的"棘轮效应"：人的消费习惯形成之后有不可逆性，即易于向上调整，而难于向下调整。

泰森在巅峰的时候，一场比赛就进账数千万美元，他花钱如流水，不断购买豪车豪宅，甚至还养了两只老虎。然而他丑闻不断并很快过气，2006年9月，曾经的世界重量级拳王走进拉斯维加斯的一家赌场，去做人肉背景板和人肉沙包的工作。在临时搭的拳台上，每个到拉斯维加斯的旅游者只要付一点门票钱就可以和泰森拍照或登上拳台与他一试身手。"只要有钱，和谁打都行，哪怕是一头狮子。"欠了一屁股债的泰森早已没了当年的那股子傲气。

从天而降的财富似乎能让我们产生幻觉，以为金钱能买到一切，包括年轻、自尊、友谊和爱情。但事实并非如此。2600万美元的大奖得主雪莉·嘉格利亚迪在中奖两年后就离婚了。她说："人们对于钱的理解存在误区，以为想要什么就能得到。嗯，那就是我想要的，我去商店把它买回家了。就这样，几个星期以后我又回到了空虚之中，接下来就可想而知了。"

据一项统计，70%得到意外之财的人，都会毫无意义地挥霍掉这笔钱。因此绝大多数情况下，中奖者在中奖几年之后都会比以前更不快乐，很多人甚至因此而变得抑郁寡欢而陷入绝望。

在纽约曾中了500万美元大奖的柯蒂斯·夏普对此感触颇深，他说："彩票让我空欢喜了一场。如果你也像我这样挥霍的话，钱没了，就什么都没有了。"